山のリスクとどう向き合うか●目次

はじめに

うわさには聞いていたけれど、いやはやこれほどまで若い女性登山者が増えているとは、と思ったのは、二〇一〇（平成二二）年の夏の終わりに、ひとりで南アルプスの北岳に行ったときのことだ。

もう夏休みも終わる寸前だったので、さほど混んでいないだろうと思っていたのだがアマかった。始発のバスを待つ芦安《あしやす》駐車場、登山口の広河原《ひろがわら》、大樺沢《おおかんばさわ》の登り、肩ノ小屋の幕営地、そして北岳の山頂など、どこも登山者でごった返していて、まるで夏山シーズン最盛期のような賑わいをみせていた。意外だったのは、若い人たち、とくに若い女性の姿がたくさん目についたことだった。

都心から奥多摩方面に向かう週末早朝の電車のなかが、明るくカラフルになったという話は耳にしていた。ちょっと前までは、くすんだモノトーンのウェアを好む中高年登山者ばかりだったのに、いつの間にか色とりどりのウェアに身を包んだ若い女性の登山者が増えていて、車内の様相が一変した、と。

北岳で大勢の若い女性登山者を見て、「なるほど。これが〝山ガールブーム〟というものなのか」と、初めて実感した。

山ガールブームの象徴とされる山スカートが、国内最大手のアウトドアブランドのモンベルによって、国内で初めて販売されたのは二〇〇七（平成一九）年のこと。山ガールブームはその翌年からはじまり、「山ガール」という言葉がユーキャン新語・流行語大賞にノミネートされた二〇一〇年にピークを迎えたとされる。

もっとも、その後にブームが沈静化したというわけではなく、今日でも多くの山ガールを山で見かける。当然、若い男性の姿も多い。かつては〝三K（きつい・汚い・危険）のアウトドアスポーツ〟とまでいわれた登山が、これほど若者に親しまれる日が再びやってくるとは思ってもいなかったので、当時はなんとなく感慨深いものがあった。

一方、長らく登山人口の大半を占めていた中高年登山者はどうなったのかというと、台頭する若い登山者の勢いにも負けず、相変わらず元気さを保ち続けている。若者たちに触発されたのか、ウェアもずいぶんオシャレになったし、よりアクティブになったような気がする。あくまで個人的な印象であり、山によっても異なると思うが、中高年と若者の登山者の割合は六：四ぐらいだろうか。

二一世紀を迎えて二〇年以上が経ったなかで、山ガールブームと並んで大きく変わったなと感じるのは、登山のジャンルの多様化である。

たとえば、従来あったジャンルとしては、ハイキング、ピークハント、縦走登山、雪山登山、クライミング、沢登りなどがお馴染みだが、そのなかでも最も多様化したのがクライミングだ。かつてクライミングといったら、自然のなかの岩壁を登るロッククライミング（岩登り）、一般登山道ではない難易度の高い急峻なルートを登るアルパインクライミング、それに氷瀑や氷壁などを登るアイスクライミングの三つぐらいに大別されていた。しかし今日では、自分の身体のみを使って登るフリークライミング、人工的な手段（ギア＝道具）を使うエイドクライミング（人工登《とう》攀《はん》）、ロープを使わずに三〜五メートルほどの高さの岩や壁を登るボルダリング、クライミングジムなどの室内の人工壁で行うインドアクライミング、ロッククライミングとアイスクライミングを組み合わせたミックスクライミングなど、多様化・細分化が激しく進んでいる（ここで述べた分類は、手法や登る対象などを混在させたものであることをお断りしておく）。

また、登山の新しいジャンルとして人気を集めているのがトレイルランニング（以下、トレラン）である。舗装されていない自然のなかの登山道や林道を走るトレランは、二〇〇七年に開催された東京マラソンが契機となったマラソンブームと、長らく続く登山ブームの相乗効果によって一躍脚光を浴び、愛好者が爆発的に増えた。それに伴い、全国各地でさまざまなレースが開催されるようになり、なかでも三つの日本アルプスをつないで日本海から太平洋までのおよそ四一五キロメートルを縦断するトランスジャパンアルプスレース（ＴＪＡＲ）は、日本一過酷な山岳レースとして名を馳せている（二〇〇二年に初開催され、以降、二年に一度実施されている）。

もっとも、日本におけるトレランの歴史は意外と古く、その先駆とされる富士登山競走が初めて開催されたのは一九四八（昭和二三）年のことである。今や二五〇〇人が出走するビッグイベントとなった「ハセツネ」こと日本山岳耐久レースも、もともとは国体の山岳縦走競技の選手育成を大きな目標のひとつとして、一九九三（平成五）年にはじまったものだ。また、個人や山岳会レベルで行われていたカモシカ山行（夜を徹して登山の長距離コースを歩き続けるトレーニングのひとつ）も、ある意味トレランの元祖みたいなものだろう。

こうみると、成り立ちからしてトレランが登山の一ジャンルであることは明白だと思うのだが、「登山道は走るものではない」とする登山者の、トレランに対する拒絶反応は思いのほか強い。マナーや安全性、環境保全などを巡る両者の溝は深く、対立関係は依然として続いたままだ。

昨今は耳にする機会も多くなったバックカントリーも、登山のジャンルのひとつであるが、これは新しく生まれたものではなく、雪山登山にスキーを活用する従来の山スキーとほぼ同義語だと思っていい。ただ、山スキーは雪山を登り降りする効率的な手段としてスキーを用いていたが、バックカントリーは雪山を滑走する爽快感の追求に重きを置いている。よってスキーに限定せず、スノーボードで雪山を滑ることもバックカントリーと呼ぶ。

ちなみにバックカントリーとは、もともと「裏山」といった意味だが、今日では管理されていない自然のままの雪山を滑走することを指す。最近は、スキー場のゲレンデからアクセスして、すぐ隣にある管轄外の非圧雪エリアを手軽に滑走することを「サイドカントリー」と呼んだりもする。

これらのほか、登山の一ジャンルといっていいのかどうかわからないが、一般登山道ではないルートをたどって低山に登るバリエーションハイキングや、灌木やササなどが生い茂る道なき藪をかき分けて進む藪漕ぎ登山などにおもしろさを見出すマニアックな登山者もいる。スノーシューを履いて雪の低山や起伏の少ない雪原などを歩くスノーハイキングは、雪山ビギナーの人気が高い。

このような多様化は、登山が自然を舞台にした自由な遊びであることを改めて認識させる。そしてその流れは、登山用具の発展にも大きな影響を与え、それぞれのジャンルに特化した機能を付加したり、新たな用具を生み出したりすることになった。トレラン用のシューズやザック、ボルダリング用のマット、スノーボードを二分割できるスプリットボードなどは、その代表的な例といっていいだろう。

だが、ジャンルに関係なく、すべての登山用具に共通していえるのは、飛躍的に軽量化が進んだことだ。たとえば、二泊三日のテント山行だったら、昔だったらザックの総重量は一五キログラム以上になっていたと思うが、今や一〇キログラムを切るのはそう難しいことではなく、なかには七キログラム以下に抑える強者もいる。

極限まで装備の軽量化を図ることは「ウルトラライト（UL）」と呼ばれ、ULなギア（道具）を製造販売する専門のメーカーも現れた。一部の登山者は一グラムでも装備を軽くするために競うようにして研究を重ね、いつしかULは登山スタイルのひとつにもなった。

装備を軽量化すれば、当然、体への負荷は軽減され、よりスピーディに行動できるようになり、行動範囲も広がる。ひいてはそれが安全につながるわけで、山では「ライト&ファスト（Light & Fast）」が重要な行動指針とされている。

ただし、軽量化を優先するのと引き換えに、ギア（道具）によっては強度や耐久性が犠牲になっている点は否めない。また、装備を切り詰めすぎてしまうと、アクシデントが発生したときに対応できなくなることもある。

そういう意味で、過度のUL化は諸刃の剣といっていい。どこまで装備の軽量化を図るかは、登山経験や体力・技術レベルなどによって個々人が判断するしかない。

というわけで、ここ二〇年ほどの登山界の大きな風潮をざっと振り返ってみた。これらのほかにも、フリークライミングのスポーツ性・競技性を高めたスポーツクライミングが、二〇二一（令和三）年に東京オリンピックの追加競技として初採用されたり、「山の日（八月一一日）」が制定されたりするなど、未来につながる明るいトピックスがいくつかあった。

しかし、その一方で、二〇〇〇（平成一二）年以降は山の遭難事故が急増した期間でもあった。そして遭難事故は、多少の波はあるにせよ、増加基調で推移し続けている。

二〇一〇年に刊行した、本書の前身ともいえる『山の遭難――あなたの山登りは大丈夫か』（平凡社新書）では、近代化から現代に至る間のおもな遭難事故の概要と、山岳遭難を取り巻くさまざまな事象や状況について解説した。それから十数年経った今日までの遭難事情について検証したのが本書である。

前著同様、本書にも山で遭難しないための心構えやノウハウを盛り込んだつもりだ。また、東日本大震災や御嶽山《おんたけさん》の噴火、新型コロナウイルスの感染拡大など、思いもかけない大きな災禍が立て続けに起きるなかで、私たち登山者はどう山と向き合えばいいのかについても考察した。

本書が遭難事故防止の一助となることを願ってやまない。

第1章　二〇一〇年以降に起きたおもな遭難事故

四件も続いた負の連鎖

東日本大震災が起きた前年の二〇一〇（平成二二）年は、沢での事故がとくに目立った年だった。この年の七月二四日、東京都勤労者山岳連盟が主催する沢登り教室の九人パーティ（講師四人、受講生五人）が、奥秩父の滝川本流に入渓した。

一行は滝川本流をさかのぼり、午後四時前にゴルジュ帯（峡谷、岩に囲まれた深い谷）の核心部に到達した。そこは川幅が狭く両岸が切り立った場所で、四メートルの滝と二メートルの滝が連続して落ちていた。右岸の岩壁には残置の固定ロープとスリング（ロープを輪状にしたもの。おもにクライミングに用いられる）があり、そこをトラバース（斜面や山腹、岸壁をほぼ水平に移動すること）して通過することになる。この核心部を越えた先が、幕営を予定していた水晶谷と古礼沢の出合だった。

ところが二番手でそこを通過していた受講生の女性（五五歳）が、トラバースの途中で足を滑らせ、滝壺のなかに落ちてしまった。講師らはすぐに女性を助けようとしたが、強い水流に阻まれて手間取ってしまい、どうにか女性を岸に引き上げたときには呼吸停止の状態となっていた。

現場は携帯電話の電波が届かなかったことから、二人の講師が救助を求めるために沢を遡行《そこう》（流れをさかのぼること）して稜線へと向かい、翌二五日の朝八時に「事故発生」の一報を発信した。救助要請を受けた埼玉県警は、ただちに救助活動を開始し、県の防災ヘリコプター（以下、ヘリ）「あらかわⅠ」が現場へと向かった。だが、現場に到着したヘリから救助隊員二人が降下した直後、まさかの異変が起きた。ヘリのテールローター（後部回転翼）が木に接触して壊れ、救助を待つ遭難パーティの目の前で墜落してしまったのだ。

その日の午後には、自衛隊や群馬県警のヘリも出動して、墜落現場で救助活動が行われたが、搭乗者の五人全員が還らぬ人となった。前日に遭難した女性も病院に搬送されたのちに、死亡が確認された。

結果的に、このケースは二重遭難という最悪の事故となってしまった。

しかし、負の連鎖はこれだけにとどまらなかった。

ヘリが墜落した二五日、地上から現場に向かっていた救助隊員が、現場近くの沢

遭難発生件数、遭難者数の推移

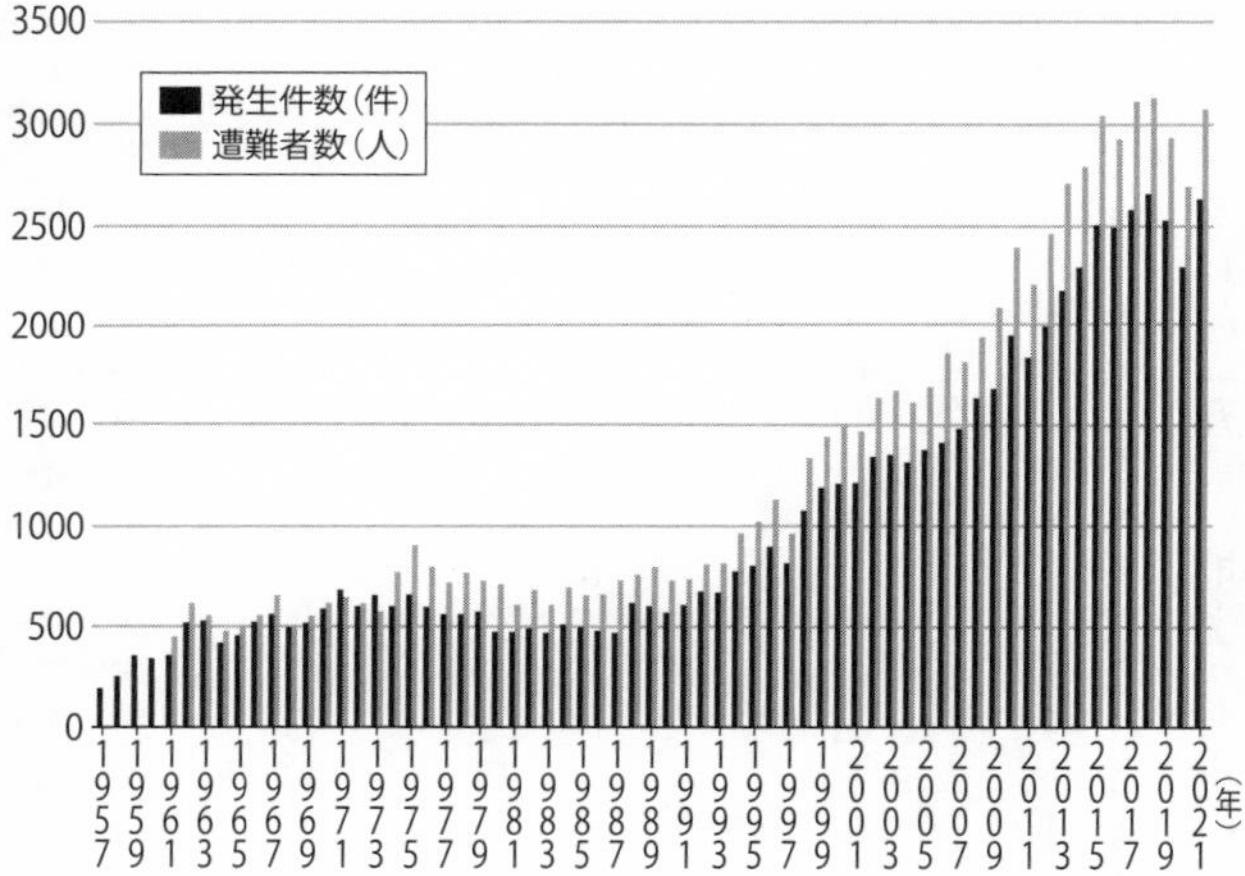

警察庁の統計より

でうずくまっている男性（四五歳）を発見した。男性は自分の名を告げ、「五〇メートルぐらい上から落ちました」といって意識を失い、のちに搬送先の病院で死亡が確認された。

この男性は、前年に起きた北海道大雪山系のトムラウシ山での遭難事故や、トレイルランニングなどについての考察を、ネット上で積極的に発信している有名ブロガーであったことが、のちに判明した。事故の詳細は不明だが、状況から推測すると、単独で奥秩父に入山してたまたまヘリの墜落を目撃し、現場へ駆けつけようとして滑落してしまった可能性が高かった。

さらにヘリ墜落の六日後、事故現場を取材するため滝川を訪れていた日本テレビの記者（男性・三〇歳）とカメラマン（男性・四五歳）が夕方になってももどらず、翌日、二人とも滝壺のなかで遺体となって発見された。死因はいずれも水死で、上流部で沢に落ちて流されたか、滝壺に落ちて溺れたかしたものとみられた。カメラマンが携行していたはずのカメラは、現場周辺をいくら捜しても見つからなかった。それが不思議でならないと、事故を担当した警察官は今でも口にする。

一件の事故をきっかけとして、立て続けに三件もの事故が起きてしまったというのは前代未聞である。四重遭難事故というのは、後にも先にもこのケースだけであろう。

日高山系で相次ぐ沢の事故

日本テレビの取材スタッフの遺体が発見された翌八月二日、北海道・日高山系のヌカビラ岳では、ツアー登山の一行一二人（ガイド四人、五〇～六〇代のツアー客八人）が、沢の増水とツアー客の疲労により、下山途中で身動きがとれなくなるという事故が起きた。

ツアー客八人は道警ヘリで救助され、ガイド四人は自力で下山したが、のちにこのパーティは一般車両通行禁止となっている国有林道のゲートを合鍵で開けて入山していたことが発覚し、ちょっとした問題となった（北海道では、国有林道から車で入山する場合、管轄の森林管理事務所にゲートの鍵の貸し出しを申請するシステムになっている。この遭難事故によって、その合鍵が非合法的に市販されていることが明らかになった）。

同じ二日、ヌカビラ岳のすぐ近くにある幌尻《ほろしり》岳では、五〇～六〇代の女性四人のパーティが、増水した沢で流されるという事故も起きている。現場は、糠平《ぬかびら》川ルートの取水施設から二〇分ほど登ったところで、増水した沢を渡渉（歩いて川や沢を渡ること）しているときに転倒し、四人とも急流に巻き込まれてしまった。うち三人はどうにか自力で岸に這い上がったが、ひとりは脱出できずに命を落とした。

山頂付近に雄大なカール（氷河の源流部に形成された谷）が広がる幌尻岳は、貴重な動植物の宝庫であり、深田久弥の『日本百名山』のひとつに数えられていることもあって、登山者の人気が非常に高い山でもある。その一方で、山頂に至るルートは行程が長く、幾度となく渡渉を繰り返すことなどから、百名山のなかでも難易度の高い山として知られている。

前述の事故が起きた糠平川ルートは、ほぼ糠平川沿いに登山道がつけられており、悪天候によって川が増水したときには、渡渉時に足を取られて流されるリスクがより高くなる。

二〇一一（平成二三）年七月一九日、単独行の六三歳男性が同ルートの登山道近くで死亡しているのが見つかり、検死の結果、水死と判定された。現場の状況から、川を渡渉しているときになにかしらの原因で足を滑らせて溺れたものと推測された。

二〇一七（平成二九）年八月二九日には、四ノ沢付近を下山していた日本山岳会広島支部の八人パーティの三人（六〇～七〇代男性）が、渡渉中に流されて死亡するという事故も起きた。

この日は未明から雨が降っており、糠平川も増水していたため、八人はロープを使って渡渉を開始した。ところが、ひとりが足を滑らせて川のなかで転倒し、近くにいた二人が助けようとしたが、三人とも水流に呑み込まれてしまった。その後、仲間が三人を岸に引き上げて救助を要請したが、三人とも搬送先の病院で死亡が確認された。

話を二〇一〇年にもどすと、八月に、やはり北海道・日高山系の沢での事故が起きている。夏合宿で同地を訪れた東京理科大学ワンダーフォーゲル部の四人パーティ（一〇〜二〇代・男性）は九日、中札内村《なかさつない》のコイカクシュサツナイ川から入山、コイカクシュサツナイ岳からペテガリ岳へと縦走し、中ノ川を経由してピリカヌプリに登り、一八日に日高管内の浦河町側へ下山する予定だった。

しかし、一五日の午後八時半ごろ、中ノ川支流の支六ノ沢川二股で幕営していたところ、沢の水音が急に大きくなったかと思うと、突然、テントが流され、やがて破れて四人とも水中に投げ出されてしまった。四人のうちひとりはなんとか岸までたどり着き、翌日、沢を下りながら仲間を見つけては河原に引き上げたが、三人とも命は助からなかった。

事故当日、四人が幕営地に到着したのは午後六時ごろで、すでに暗くなっていたため、適切な場所を選ぶ余裕もなく、やむなく河原にテントを張ることにした。増水への警戒は怠りなく、テントをロープで固定し、なにかあったらすぐに外に出られるようにずっと靴を履いて過ごしていた。だが、増水の速さは予想をはるかに上回っていた。ただひとり助かった学生は、「(鉄砲水の襲来は)あまりに急で、対処しきれなかった」と振り返っている。

日高山系では、事故当日までに台風四号の影響などである程度のまとまった雨が降っていたうえ、一五日も午後八時までの一時間に一〇ミリメートルの降雨があり、沢が短時間に増水し鉄砲水が発生したとみられている。

増水した沢を無理に渡ってはならない

沢での増水事故は、もちろん北海道の山だけにとどまらない。

東京理科大学ワンダーフォーゲル部の事故が起きた前日の八月一四日、北アルプス北部、黒部川上流域の上ノ廊下では、二人パーティが「下の黒ビンガ」と呼ばれるあたりで川を泳いで渡ろうとし、五〇歳男性が急流に流されて行方不明となった。男性は二日後、現場から約五〇〇メートル下流の中洲で遺体となって発見された。

実は、この事故の三年ほど前の二〇〇七（平成一九）年一二月三一日、冬の北アルプス・槍ヶ岳の登山基地となる槍平で、夜中に雪崩が発生して幕営中のテントが埋没し、四人が死亡するという事故が起きた。上ノ廊下で亡くなった男性も、このときの雪崩で生き埋めとなって意識を失ったが、周囲にいた登山者らに救助されて一命を取り留めていたのだった。

事故現場となった上ノ廊下の下の黒ビンガ付近では、翌二〇一一年八月にも単独行の四九歳男性が川に流されて命を落としている。

北アルプス南部では、槍ヶ岳への岐阜県側からのメインルートとなる右俣谷《みぎまただに》沿いの登山道での渡渉時の事故が目につく。このルートの槍平小屋から新穂高温泉の間には、南沢、滝谷、チビ谷、白出沢などが登山道と交差しており、通常はとくに問題なく通過できるが、大雨などで増水すると渡渉の判断が非常に難しくなる。

二〇一三（平成二五）年七月七日、悪天候のなか、槍ヶ岳方面から下山してきた単独行の男性（二六歳）が、増水した南沢を渡ろうとして流され、命を落とした。事故当時、南沢は川幅四メートルほどの濁流が渦巻いていたのだが、男性は持参していたロープを使ってそこを強行突破しようとした。しかし、対岸にたどり着く前につかんでいたロープを離してしまい、濁流に呑まれて姿が見えなくなった。翌朝、男性は現場から三〇〇メートルほど下流の右俣谷で発見され、死亡が確認された。死因は脳挫傷であった。

そのおよそ一年後の二〇一四（平成二六）年八月一六日、今度は滝谷出合の渡渉点で事故が起きた。このときも数日前からの断続的な降雨により、沢は増水し沢幅も広くなっていた。そこへ下山してきた数組のパーティは、お互いに協力し合って沢を渡ろうとした。

まず数人が対岸に渡ってロープ（正確には持ち寄ったスリングを数本つなぎ合わせたもので、長さは約五メートル）を張り、両岸から引っ張り合ってロープを支えながら、ひとりずつロープ伝いに渡渉を開始した。しかし、三番目に渡渉していた女性が途中で足をすくわれ、ロープにぶら下がる形となってしまった。その張力によって、ロープを支えていた五人ほどの登山者が沢のなかに引きずり込まれた。うち二人はなんとか岸にたどり着いたが、三人が流されて行方不明となり、後日、いずれも遺体で発見された。三人のうち二人は広島「県北山の会」の七人のパーティの六七歳と六二歳の男性で、もうひとりは夫婦で登山にきていた五一歳の女性である。死因はいずれも外傷性ショック死であった。

このほか、「ひと月に三五日雨が降る」と形容されるほど降雨量の多い屋久島でも、沢の増水による事故が散見される。二〇一七年六月一一日には、宮之浦岳から下山していた社会人山岳会「山楽会」の七人パーティのうち、六九歳女性が増水した沢を渡渉中に流され、女性を捜しにいった六七歳男性も行方不明となった。翌日、二人は心肺停止の状態で見つかり、のちに死亡が確認された。

こうしてみてみると、沢での事故の多くは、梅雨の時期から夏山シーズンにかけて多発していることがわかる。梅雨に雨が多いのは当然だが、夏の標高の高い山は天候が不安定になりがちで、午後を中心に激しい雷雨が連日続くことも珍しくない。とくに近年は短時間に局地的な大雨が降る「ゲリラ豪雨」も各地で発生している。

山岳地で大雨や長雨が降れば、沢が増水するのはいわずもがなである。また、沢の上流域でまとまった雨が降れば、雨が降っていない中・下流域で沢の水量が一気に増すこともある。だったら、このような状況下で沢が増水しているときには、沢を渡渉しなければ事故は起きない。とても単純なことである。しかし、現実的にはなかなかそうはいかない。

濁流が激しく渦巻いているような状態であればともかく、微妙な急流程度なら、水深が浅いところを選んで、なんとか渡れるのではないかと思ってしまうからだ。ましてや帰りのバスや電車の時間が決まっていたり、その日のうちにどうしても帰らなければならないような場合は、無理してでも渡ろうとしてしまう。だが、水流のパワーというものは我々の想像をはるかに超えており、「しまった！」と思ったときにはもう遅い。かくして事故は起きる。

増水した沢は、雨が上がれば数時間で水位は下がる。たとえ一、二日足止めを食って仕事に穴を開けたとしても、命を落とすよりははるかにマシだと思えばいい。落ち着いて冷静に考えれば、判断はさほど難しくないはずだ。

壮絶なサバイバル遭難

携帯電話の普及は、私たちの生活はもとより山での通信手段をも一変させ、遭難事故の発生現場からリアルタイムでの救助要請を可能にした。また、ヘリの機動力を活かした救助体制の確立と救助隊員の技術向上により、今日では迅速で的確な救助活動が実現できるようになっている。

だが、最先端のテクノロジーの光明をもってしても、奥深い山の自然の隅々まで明るく照らし出すまでには至らない。そこには、太古から変わらぬ、深い闇が潜んでいるように思う。その闇のなかに、ふとしたきっかけで落ち込んでしまったかのような遭難事故が、今でもときに起こる。

三〇歳男性が単独で奥秩父の両神山に向かったのは、二〇一〇年八月一三日のことである。翌一四日の午前一〇時ごろ、登山口の日向大谷から登りはじめ、午後一時半ごろには山頂に到着した。下山は登りと同じルートをたどり、夕方の最終バスが出る時刻までに下りてくるつもりだった。

だが、下りの途中にある分岐点まで来たときに気が変わった。「同じ道を下るのはおもしろくないだろう」と思い、七滝沢ルートを下りることにした。その判断が暗転のはじまりだった。斜面をトラバースしていたときに足元が滑って四〇メートルほど滑落し、足首上の開放骨折という重傷を負ってしまったのだ。

以降、男性は一三日間を山のなかで過ごした。ときに地面の泥水をすすり、アリやミミズや苔を食べて飢えをしのいだ。傷口からはウジが湧き、やがて腐乱臭も漂いはじめた。死を覚悟し、「いっそ死んだほうが楽なのかな」とも考えたが、朝になると目が覚めているという日が何日か続いた。そして遭難して一四日目の午後、ずっと捜索を続けていた埼玉県警の救助隊員によって発見・救助されたのだった。

救助活動は激しい雨が降るなかで行われたが、現場の沢はみるみるうちに増水して、男性が救助を待っていた場所は瞬く間に水没してしまった。まさに間一髪の救助劇であった。

両神山で男性が遭難したのと同じ八月一四日、北アルプスの三俣蓮華岳《みつまたれんげ》では六一歳の女性が道迷いの迷宮に足を踏み入れようとしていた。

女性は前日に岐阜県の新穂高《しんほたか》温泉から入山し、三泊四日の行程で笠ヶ岳、弓折岳、三俣蓮華岳、黒部五郎岳、北ノ俣岳と縦走して、富山県の折立《おりたて》へ下山する予定であった。ところが、一四日に双六小屋から巻道コースをたどって三俣蓮華岳へ向かう途中、東側の沢のほうへと迷い込んでしまった。この日は風雨が強く、雨で登山道が水浸しになっていたので、悪路や視界の悪さなどが要因となって登山道を外れてしまったようだ。

女性が迷い込んだのは、湯俣川源流の樅沢《もみさわ》かその枝沢あたりだと思われる。以降、彼女は一六日間という長い時間を山のなかで過ごすことになる。

女性の家族から岐阜県警高山署に捜索願が出されたのは、下山予定日を六日も過ぎた八月二二日であった。ひとり暮らしをしていた女性と連絡がとれなくなったことから、心配した家族が女性の住居を訪れて登山計画のメモを見つけ、初めて山に行ったことを知ったのだった。

女性が救助されたのは、偶然の賜物だった。八月三〇日、ガイド登山の八人パーティが、二〇年以上も前に廃道となった伊藤新道を三俣蓮華岳方面から下ってくる途中、赤沢の出合付近の岩陰で助けを求める遭難者の女性を発見し、連絡を受けた長野県警のヘリによって無事救助されたのである。

本人の話によると、一八日までは正しいルートを探して山中を彷徨《ほうこう》していたが、水がなくなったため沢筋に下り、岩陰でビバーク（露営）しながら沢を下っていったという。幸いだったのは、果物やお菓子、アルファ米、パン、栄養補助食品など、山小屋を利用する三泊四日の山行にしては豊富な行動食を携行していたことだ。これらで一〇日以上食いつなぎ、食料が尽きてからは沢の水を飲んで空腹を満たしていた。ツエルト（簡易テント）は持っていなかったため、夜はすべてのウェアを着込み、レスキューシートにくるまって寒さをしのいだ。

遭難中は好天続きで雨が降らなかったこと、廃道となっていたルートをガイド山行のパーティが通りかかったことなど、いくつもの幸運が重なった一六日ぶりの生還であった。

その約一年後の二〇一一年八月五日、六九歳の男性が紀伊山地の大峰奥駈道《おおみねおくがけみち》の弥《み》山《せん》〜八経ヶ岳《はっきょう》〜仏生ヶ岳《ぶっしょう》〜釈迦ヶ岳を二泊三日で縦走する計画を立て、天川《てんかわ》村の川合から単独で入山した。初日は弥山の山頂にある弥山小屋に泊まり、翌日は奥駈道をたどって釈迦ヶ岳を越え、太古ノ辻から稜線を離れて、この日の宿泊地・前鬼《ぜんき》へと向かった。

ところが、下っていく途中で激しい雷雨に見舞われ、焦りもあっていつの間にか登山道を外れ、奥深い山のなかへ迷い込んでしまった。その日から八日までは、がむしゃらに歩き回って道迷いからの脱出を図った。しかし、道、案内板、人家、宿坊、救助のヘリコプターなどが、次々と男性の前に現れては消えた。すべて幻覚だった。激しい幻覚に翻弄され、いたずらに体力を消耗した。しまいには背負っていたザックも投げ捨ててしまった。

精魂尽き果て、九日から一一日までは涸れ沢のなかで動かずに過ごした。しかし喉の渇きに耐えきれず、水を求め、膝行《しっこう》して沢を下りはじめた。一〇〇メートルの距離を三時間かけて下り、ようやく水にありつけてほっとしていたときに、救助隊が男性を発見した。

男性の捜索は八、九日の二日間にわたって行われたが、「発見は絶望的」と判断され、すでに打ち切られてしまっていた。だが、救助隊長の閃きによって一日だけ捜索を再開することになり、それが発見につながったのだった。

生への執念で生還を果たす

北海道の知床連山では、二〇一四年八月、単独で入山した四二歳男性が一週間ぶりに救助されたという事例が報告されている。男性は斜里町の知床自然センターに立ち寄ってクマ除けスプレーをレンタルし、岩尾別登山口で登山届を提出して一七日に入山した。岩尾別ルートから羅臼岳に登り、サルイシ岳、知円別《ちえんべつ》岳、硫黄山と知床連山を日帰りで縦走し、硫黄山登山口に下山するという計画であった。

しかし、三日が過ぎてもクマ除けスプレーを返却しにこないことから、遭難した可能性が濃厚となり、警察らが捜索を開始した。だが手掛かりは得られず、捜索は二日間で打ち切られた。

男性が発見されたのは、行方不明になってから一週間後の二四日のことである。硫黄山の山頂から北に約五キロメートル離れたオホーツク海側の知床林道付近で、ヒグマの生態を調査していた知床財団の職員らが、道路脇の木につかまりながら斜面を下りようとしている人がいることに気がついた。それが行方不明になっていた男性だった。

彼の話によると、硫黄山までは問題なく歩を進めてきたが、下山時に硫黄沢分岐のあたりでルートを外れ、沢を下っている途中で滑落し、右足踵《かかと》を骨折するなどして動けなくなってしまったという。たまたますぐそばに洞窟があったため、そのなかで救助を待つことにして、ヒグマの恐怖に怯えながら、沢の水を飲み、わずかな非常食で食いつなごうとした。しかし、食料が尽きてしまったため、二二日より自力下山を試み、ようやく知床林道にたどり着いたところを発見・救助されたのだった。

あくまで結果論だが、負傷したことでいたずらに動き回らず体力を温存できたこと、自力下山を決断したタイミングが適切だった（捜索が打ち切られて間もなく食料が尽きたことで決断できた）ことなどが、生還できた要因として挙げられよう。もしその場で救助を待ち続けていたら、発見されないまま力尽きていたかもしれない。

同様のケースに、二〇一六（平成二八）年一〇月に紀伊山地の大峰山系で起きた事故がある。一〇月八日、五三歳の男性が単独で天川川合から弥山へと向かった。この日は山頂近くに建つ弥山小屋に泊まり、翌日は雨のなか、八経ヶ岳を経てレンゲ道を下り、高崎横手分岐から前日の往路をたどって天川川合へと下りていった。

ところが、ナメリ坂のあたりまで来たところで、ルートを示す赤リボンと道標を見失ってしまった。右往左往しているうちに自分がどこにいるのかすっかりわからなくなり、仕方なく地図で現在地のあたりをつけて下りはじめた。

だが、一時間ほど歩いても登山道には行きつかず、気がつけばいつの間にか崖の上に出ていた。その崖の高さを確認しようとした次の瞬間、足元の土が崩れ落ち、三〇～四〇メートル滑落してしまった。これにより、男性は左右の肋骨計六箇所を折り、腰椎も破裂骨折するという重傷を負って行動不能へと追い込まれた。以降、傷の痛みに耐えながら、その場でひたすら救助を待つ日々が続くことになる。

しかし、いくら待っても救助はやってこなかった。「ならば自分が行動を起こすしかない」と心に決め、滑落して一二日目に斜面を登りはじめ、翌日、登山道が通っている尾根までなんとか這い上がった。そこへ通りかかった登山者に助けられ、およそ二週間ぶりの生還を果たしたのだった。

近年では、北アルプスの西穂高岳で単独行の二七歳男性が八日ぶりに救助されるという事故も起きている。

男性は二〇二一（令和三）年六月六日、岐阜県側の新穂高温泉からロープウェーを利用して入山したが、中尾根をたどって上高地へ下山する途中で道に迷い、疲労により動けなくなってしまった。携帯電話は落として使えず、食料も持っていなかったため、沢の水だけを飲んで空腹を満たした。八日後の一四日になって、近くを通りかかった登山者の鈴の音が聞こえたため、声を絞り出して助けを求め、ようやく発見・救助された。

二〇二二（令和四）年七月には、南アルプスの聖岳にひとりで入山した六〇歳男性が行方不明となった。男性は九日から一泊二日の予定で入山したが、下山予定日になっても下山しなかったことから、家族が警察に届け出て、捜索が開始された。しかし発見できずにいたところ、入山から一週間後の一六日夜に、自力で下山してきた。

男性は長野県側の芝沢ゲートから入山し、一〇日に聖岳を経て兎岳へ向かったが、下山途中で濃い霧のために現在地がわからなくなってしまった。その後、悪天候が数日続いたため、沢べりでビバークを繰り返して体力を温存。天候が回復した一三日、地図を頼りに下山を再開し、芝沢ゲートにたどり着いたのだった。山中では沢水を沸かして飲み、持っていた食料や山野草を食べて空腹をしのいでいたという。

以上、ピックアップしてきたのは、遭難後に長い時間をひとり山のなかで過ごした末に、すんでのところで命が助かった稀有なケースである。だが、同じような状況に陥りながら、とうとう脱出できずに助からなかった者も多い。それでも発見されればいいほうで、奥深い山のなかで、発見されずに朽ちている者も少なくない。

北アルプスで事故が相次いだ二〇一二年のGW

例年、ゴールデンウィーク（以下、GW）ごろは大きな遭難事故が起きやすい。まとまった休みが取れるということで大勢の登山者が山に繰り出す一方、この時期は気象の状況次第で山の天候が厳冬期のような厳しさになることもあるからだ。

たとえば、二〇一二（平成二四）年のGWの後半、前線を伴う低気圧の通過と寒気の流入により、北アルプス一帯は真冬並みの悪天候となり、遭難事故が相次いだ。白馬岳では五月四日、栂池《つがいけ》ヒュッテを出発した六〇～七〇代の男性六人パーティが、夕方になっても宿泊予定の白馬山荘に到着せず、家族が警察に捜索願いを届け出た。

この日の朝の天候は無風で青空ものぞいていたが、午後になって天候が急変し、稜線上はブリザードのような吹雪となった。その悪天候のなか、六人はなんとか白馬岳北方の三国境あたりまでやってきたが、そこで力尽きてしまった。現場を通りかかった登山者が、稜線で倒れている六人を発見したのは、翌朝のことだった。

遭難者の体の一部は、厚さ一〇センチメートルほどの氷漬けとなっていて、地面に張り付いていた。六人の死因は、いずれも低体温症であった。

同じ日、穂高連峰では、北穂高岳から穂高岳山荘に向かっていた福岡の「あだると山の会」の男女六人パーティ（五〇〜七〇代）のなかの女性メンバーが、オダマキのコル（ミヤマオダマキが咲く鞍部の通称）のあたりで低体温症にかかって動けなくなってしまった。このため、リーダーともうひとりのメンバーが女性に付き添ってその場に残り、ほかの三人が穂高岳山荘に救助を求めに向かったのだが、その三人も涸沢岳に登り着いたと同時に猛烈な風雪に見舞われ、こちらも行動不能に陥ってしまった。

その後、午後七時過ぎになって、オダマキのコルにいるリーダーの携帯電話がようやく通じ、穂高岳山荘に常駐していた岐阜県警山岳警備隊に救助要請がなされた。またこの通報により、先発隊の三人がまだ小屋に着いていないことも判明した。

要請を受け、警備隊員と山荘のスタッフがただちに現場へと向かい、涸沢岳とオダマキのコルあたりで救助活動を行った。ところが、そのさなかに、さらに二人が低体温症で倒れてしまった。このため山荘から新たに応援スタッフらが現場に投入され、猛吹雪のなか、壮絶な救助活動が展開された。遭難パーティの全メンバーを山荘に搬送し終えたのは午後一一時ごろで、山荘のスタッフが総出で応急処置に当たった。残念ながら、三人の行動不能者のうちひとりは助からなかったが、ほかの二人は朝方までに回復した。

この日にはさらにもう一件、爺ヶ岳でも遭難事故が起きている。爺ヶ岳や鹿島槍ヶ岳の登山拠点となる種池山荘のオーナーの自宅に、単独の女性登山者（六二歳）から電話がかかってきたのは、四日夕刻のことだった。相手は「吹雪でなにも見えない」と告げたあと、すぐに電話は切れてしまったが、その後も電話がかかってきて、以降、つながっては切れるというやり取りを何度も繰り返した。女性はこの日の朝から登山を開始したとのことだったが、オーナーがいくら現在地を尋ねても曖昧な答えしか返ってこず、「もう諦めて下山します」と告げたあとは、バッテリー切れとなって電話は不通になってしまった。

彼女は救助要請をしたかったわけではなく、オーナーの「大丈夫か」という問いにも「はい、大丈夫です」と答えたという。ただ、話の様子からルートを把握しておらず、山にも慣れていない印象を受けたため、オーナーは警察に一報を入れたのち、自ら現地へ向かい、ジャンクション（尾根の合流地点）ピークの上まで登って捜索を行った。しかし、目も開けていられないほどの猛吹雪のため、諦めて午後一時過ぎに下山した。

翌五日朝、女性は爺ヶ岳に登った登山者によって発見された。場所は爺ヶ岳の中央峰と北峰の鞍部付近で、すでにこと切れていた。死因は低体温症とみられている。

天候に左右されるGWの事故形態

続く二〇一三年のGWは、全国の山で遭難事故が相次ぎ、発生件数一四一件、遭難者数一八五人と、ともにそれまでの過去最多を更新した。とくにこの年が異例だったのは、連休前から北アルプスでは雪が降り続き、涸沢と白馬大雪渓で入山に対する自粛要請が出されていたことだ。北アルプス南部で雪となったのは四月二六日からで、翌日も雪が降り続いていたため、涸沢では雪崩の危険が高くなっているものと判断し、アルプス南部地区遭難対策協会の救助隊長を務める涸沢ヒュッテの山口孝社長が自粛要請を決定した。

実は、二年前のGW直前にも涸沢では雪崩が発生しており、涸沢ヒュッテの支配人が巻き込まれて重傷を負い、売店が全壊するという被害が出ていた。このときの教訓を活かしての判断であった。

なお、涸沢の自粛要請は、ひとまず雪崩のリスクが低くなったことから、翌二八日午前中に解除されている。

一方、やはり二六日からの降雪によって大雪渓での雪崩の危険が高まっていた白馬では、地元の大町警察署の判断によって、二七日の早朝から入山に対する自粛要請が指導された。しかし、この日の午前一〇時三五分ごろ、大雪渓で雪崩が発生し、二パーティが巻き込まれてしまった。そのうち五〇代の男女六人パーティでは四人が巻き込まれ、三人は仲間に救出されたものの、女性ひとりが行方不明となった。女性は翌日、雪に埋もれた状態で発見され、病院で死亡が確認された。死因は窒息死だった。

このパーティは、自粛要請について「直接は聞いていないが、知っていた。ただ、天候回復が望めると思って入山した。判断ミスだった」とマスコミにコメントしている。

もうひとつのパーティは、山口県の宇部山岳会の二人（三二歳と五〇歳の男性）で、自粛要請が出される前日に入山していた。二人の捜索は難航したが、五月六日と一九日にそれぞれ遺体となって発見された。死因はいずれも窒息死だった。ちなみに白馬の自粛要請は解除されず、GW期間中はずっと続けられた。

このような自粛要請は、涸沢では二年前に次いで二度目、白馬では初めてだった。

次に二〇一四年のGWをみてみると、転滑落事故の発生が目につく。それも、奥穂高岳や北穂高岳、涸沢岳、白馬岳、立山、剱岳などの北アルプスエリアだけにかぎらず、岐阜の川上岳、丹沢の大山、群馬の荒船山で死亡事故が起きているほか、富山県の黒菱山、福岡県の犬ヶ岳、静岡県の黒法師岳、奥秩父の甲武信《こぶし》ヶ岳などでも負傷事故が発生するなど、全国的に転滑落事故が多かったのが特徴だ。

例年、この時期に多発する気象が原因の遭難は、大きな天気の崩れがなかった影響で少なかったが、前線の通過によって天気が崩れたGW後半に奥穂高岳で連続発生している。五月五日の夜、奥穂高岳の山頂付近で、茨城の山岳会「ACC-J茨城」の男性三人（四〇～六〇代）パーティが悪天候によりルートを誤り、身動きが取れなくなって救助を要請した。翌朝、岐阜県警の山岳警備隊員が現場へ向かって三人を救助したが、二人は低体温症によって命を落とした。そのうちのひとりは、多くの記録的な登攀を実践してきた先鋭的なクライマーだった。

同じく五日、岳沢に入山していた長野県勤労者山岳連盟に加盟する複数の社会人山岳会の一四人グループのうち、南稜から奥穂高岳に向かった八人パーティ（二〇～六〇代の男女）のメンバー五人が、低体温症や疲労で行動不能となり、翌日、全員が長野県警のヘリに救助された。全員、命に別状はなかった。

このときの天気の崩れは、強い寒気の流入などによって厳冬期並みの暴風雪になっていたわけではなく、この時期の三〇〇〇メートル級の山としては平均的な、つまりはよくある悪天候であった。それでも標高が高い山では、状況はより厳しくなり、判断ミスやちょっとの油断が事故を招いてしまうことを再認識させられた二つの事例であった。

二〇一五（平成二七）年から二〇一七年のGWも、北アルプスをはじめとして全国各地の山で遭難事故が起きている。とくに二〇一五年は、遭難発生件数一七三件、遭難者数二〇八人で、いずれも現在（二〇二二年）までの過去最多となった。

二〇一八（平成三〇）年のGWには、マスコミにも連日大きく報道された遭難事故が起きた。新潟県の五頭《ごず》連峰で親子が行方不明になったという事案である。

五月五日の午後二時ごろ、三七歳の父親と六歳の男児が日帰りの予定で赤安山《あかやす》と扇山に入山したが、午後四時ごろになって、「道に迷ったのでビバークする」という連絡が家族に入った。そして翌朝、「これから下山する」という通話を最後に、連絡がとれなくなってしまった。二人の捜索は七日の早朝から開始され、その後、二つの山の北東にある松平山の登山口で父親の登山届が見つかり、複数の目撃情報も寄せられたことから、捜索の中心は松平山周辺へと移った。

しかし、連日多くの人員が山に入り、ヘリやドローンも投入されたが、捜索は難航し、手掛かりはまったく得られないでいた。この間に、遭難者の父親が六日の朝に駐在所を訪れて遭難の可能性を伝えていたことが発覚し、連絡ミスにより初動が遅れたことを新潟県警が陳謝する一幕もあった。

二人の遺体がようやく見つかったのは、遭難から二四日が経過した五月二九日のことだった。場所は松平山と赤安山の間を流れるコクラ沢の斜面で、父親の上に男児が重なるようにしてうつ伏せに倒れていた。死因はいずれも低体温症とみられる。

近年のGWの遭難事故

史上初の一〇連休となった翌二〇一九（令和元）年のGWは、低気圧が日本列島の南岸を通過して冬型の気圧配置となり、平成最後の寒気が流れ込んだGW前半に事故が多発した。とくに中部山岳や東北・北海道の山々では降雪を伴う悪天候となり、北アルプスを中心に行動不能者や転滑落者などが相次いだ。

四月二七日、北アルプス・北ノ俣岳の山頂付近にいた五〇歳男性登山者が、宿泊予定の山小屋に「たどり着けそうにない」と連絡、翌日ヘリで救助されたが死亡が確認された。二八日、槍ヶ岳の槍沢と唐松岳の八方尾根ではそれぞれ五〇代の男性登山者が、立山の雷鳥《らいちょう》沢では七九歳の男性登山者が、意識のない状態で倒れているのを発見され、ヘリで救助されたものの、やはり三人とも助からなかった。いずれもなんらかの原因で登山中に行動不能に陥ったものとみられている。

同じ日、涸沢のザイテングラード（山頂から張り出す岸壁の尾根）で幅一〇メートル、長さ二〇〇〜三〇〇メートルの雪崩が発生し、一〇数人が一時的に巻き込まれ、五二歳男性が腰を負傷してヘリで病院に搬送された。中央アルプスの空木岳では、四九歳男性が池山尾根を下山中に滑落して負傷する事故も起きた。

一方、天気が比較的安定して入山者が増えたＧＷ後半は転滑落事故が目立ち、北アルプスの縦沢岳、剱岳、群馬県の荒船山と三笠山などでは死亡事故が起きている。

富士山では五月二日、三六歳男性が頂上付近を下山中にバランスを崩し、約三〇〇メートル滑落して左足首を負傷、翌朝ヘリで救助された。このケースでは命を落とさなかっただけでも奇跡といえる。遭難者はたまたま通りかかったほかの登山者からツエルトを譲り受け、それを体に巻きつけて保温できたことが生還につながった。

また、ＧＷ終盤の五日、丹沢の鍋割山では四五歳男性が雷に打たれて死亡するという事故も起きた。男性は友人と二人で登山中、雨が降ってきたので雨宿りをしようとして木の下に移動したところ、落雷に遭ったという（少し離れた場所にいた友人は無事だった）。その状況から、木に落ちた雷がそばにいる人間に飛び移る「側撃」を受けた可能性が高い。

さて、GWの山岳遭難事故の統計は、警察庁が毎年とりまとめて発表しているが、二〇二〇（令和二）年は新型コロナウイルスの感染拡大の影響で集計されなかった。ただ、登山にも自粛が求められたことから、遭難発生件数・遭難者数ともに例年に比べて大きく減少したものとみられている。

翌二〇二一年のGW期間中も、一部自治体で緊急事態宣言が出されていたが、遭難発生件数一五七件、遭難者数一九一人と、ほぼ例年並みにもどった。そんななかで、北アルプス・槍ヶ岳では五月三日、悪天候下で男性三人パーティ（二〇～四〇代）の気象遭難事故が発生した。この日、「仲間のひとりが飛騨乗越《ひだのっこし》で滑落した」という連絡があり、最寄りの槍ヶ岳山荘の支配人が現場へ向かったところ、山荘から約五〇メートル離れた登山道で倒れていた男性を発見し、山荘に収容した。ほかの二人は発見できなかった。翌朝、県警ヘリが出動して男性を搬送したが、死亡が確認された。仲間の二人も県警ヘリの捜索により、現場近くの斜面で心肺停止の状態で発見された。

現場の状況から、ひとりが滑落したため救助を要請したのち、槍ヶ岳山荘に向かう途中でひとりが滑落し、もうひとりは力尽きたものとみられる。

五月三日は寒気の流入により北日本や東日本では不安定な天候となり、槍ヶ岳周辺では一日中吹雪がひどく、視界は二〇～三〇メートルしかなかったという。翌四日も岩手山、尾瀬、谷川岳など、全国各地の山で死亡事故が相次いだ。

コロナ禍では三年目となる二〇二二年のGWは、遭難発生件数一五五件、遭難者数一八〇人だった。GW前半は不安定な天候だったが、後半は好天が続いたため、中部山岳を抱える長野県では、遭難件数は過去一〇年間で二番目に少ない黄金週間となった。

全体的にみても、標高の高い山での事故は少なく、低山での事故が目立った。数字的な事故の発生状況にはコロナ禍の影響はほとんどみられないが、コロナ禍以前と比べると、登山者の流れは「高い山よりも身近な低い山へ」と変わってきているようだ。

夏のアルプスは落石、転滑落のリスク大

夏山シーズン最盛期となる七、八月は、全国的に遭難事故が多発する時期でもある。とくに標高の高い北・南・中央アルプスでは、命に関わる重大事故が起きやすい。ここ一〇年ほどを振り返っても、印象に残る大きな事故がいくつかあるが、そのなかでもとくに痛ましかったのが、二〇一一年八月に北アルプス・奥穂高岳のザイテングラードで起きた落石事故だ。八月五日、六二歳の男性が、妻と孫（八歳）を伴って上高地から穂高連峰に入山した。三人は六日に奥穂高岳に登頂して穂高岳山荘に宿泊、七日に下山する予定だった。

事故は七日の朝、涸沢へ向けてザイテングラードを下っているときに起きた。標高約二七五〇メートルあたりに差しかかった午前七時二〇分ごろ、孫が落石を受け

てバランスを崩し滑落、とっさに手を伸ばして助けようとした祖父にあたる男性も、いっしょに滑落してしまった。

滑落距離は四〇〜五〇メートル。約一時間後に長野県警のヘリコプターが二人を救助したが、男性は頭の骨を折っており、搬送先の病院で死亡が確認された。全身を強く打って意識不明に陥っていた孫も同日夜に息を引き取った。

この事故の要因となったのは、ほかの登山者による人為的な落石だった。落石は、涸沢からザイテングラードを登ってきた登山者が、三人とすれ違った直後に起こしたもので、不幸にもそれが孫に当たってしまった。ただし、登山者が起こした落石が直撃したのか、誘発による落石が当たったのかは不明である。祖父にあたる男性の滑落は、落石によるものではなく、孫を助けようとしてバランスを崩してしまったものとみられている。

この事故のあと、八月一五日には北穂高岳の滝谷第一尾根を登攀していた六一歳男性が落石を受け、指を三本切断するという事故が起きている。二一日には立山の一ノ越付近で団体登山の一行がミカン箱大の落石に遭い、一一歳の子供が軽傷、二一歳女性が骨折の重傷を負った。さらに二八日には劔岳早月尾根の通称「カニノハサミ」付近で落石が発生し、登山中だった八人パーティのうち六九歳男性が頭を切り、六一歳女性が腕を骨折している。

森林限界を超えたアルプスの岩稜《がんりょう》帯は、大小の岩や石が不安定な状態で無数に堆積しており、ただでさえ自然落石が起こりやすい。しかもそこを登山者が歩くことによって、人為的な落石の危険もいっそう高まってくる。落石が起きそうな岩稜やガレ場（大きめの石がゴロゴロ転がっている斜面）を歩くときには、石を落とさないような歩き方が求められるのだが、その基本技術が身についていない登山者は少なくない。人気の高い槍・穂高連峰の縦走路などでは、無意識に石をガラガラ落としながら歩く登山者も目立ち、「危なくて仕方がない」という声もよく聞かれる。

故意ではないにしろ、不用心に落石を起こす登山者があとを絶たず、それが引き金となって事故が起これば、いずれ個人賠償責任や過失致死（傷害）が問われるようになっていくのかもしれない。

ザイテングラードでの落石事故の翌二〇一二年八月、奥穂高岳では四七歳男性が一五〇メートル滑落するという事故が起きた。八月二七日、仲間と二人で穂高岳山荘を出発した男性は、一般ルートでは最難といわれる奥穂高岳から西穂高岳への縦走路をたどっている途中、畳岩尾根ノ頭を過ぎたところでバランスを崩し、長野県側の急斜面を約一五〇メートル滑落してしまった。通常ならば、まず命は助からない事故である。

だが、右肩脱臼骨折・靭帯二本断裂、左脚膝脱臼・靭帯断裂、骨盤骨折などの重傷を負いながらも、男性は生きていた。死んでもおかしくはない事故に遭遇しながらも、命を落とさなかったのは、ヘルメットを被っていたからだ。ヘルメットのおかげで頭部に致命傷を負わずにすみ、九死に一生を得たのだった。

この事故は、ヘルメットの有効性を実証する格好の事例となった。長野県山岳遭難防止対策協会（遭対協）は、二〇一三年六月、過去の転滑落・落石事故や地形的条件を考慮し、安全への配慮がとくに必要な県下五つのエリア（北アルプス北部・南部、南アルプス、中央アルプス、戸隠連峰）の特定区域や山を「山岳ヘルメット着用奨励山域」に指定し、一般登山者へのヘルメット着用の呼びかけを開始した。

この注意喚起は広く浸透しつつあり、長野県の奨励山域だけではなく、落石や致命的な転滑落のリスクが高いほかの山域の一般ルートでも、多くの登山者がヘルメットを着用するようになっている。

一雷一殺の落雷事故

さて、夏のアルプスの風物詩というと、雷が思い浮かぶ。大気の状態が不安定になりやすい夏の午後、標高の高い山の稜線近くには積乱雲が発達し、毎日のように雷が発生することも珍しくない。山で遭遇する雷はロシアンルーレットのようなもので、いつどこに落ちても不思議ではなく、「まさか自分には落ちないだろう」と思っているとしたら、それは大きな間違いだ。

山で雷が発生するのは午後の時間帯が多いが、二〇一二年八月一八日の槍ヶ岳周辺では、昼前から早くも激しい雷雨となった。山頂近くにある槍ヶ岳山荘には、大勢の登山者が避難しており、山荘内に設置してある襲雷警報器は危険を知らせるアラームを鳴り響かせていた。しかし、一二時半ごろになると雷雨のピークは過ぎ、雨は上がって青空ものぞきはじめた。それでもまだ遠雷が聞こえていて、襲雷警報器も反応を示していたので、ほとんどの登山者は行動を再開させずに、しばらく様子を見ていた。

そんななかで、八人ほどの一パーティだけが行動を開始し、槍の穂先に取りついて山頂に向かってしまった。これに気づいた山荘の従業員が拡声器で「まだ危険だからもどってくるように」と呼びかけたのだが、彼らは従わなかった。

それから間もない午後一時一〇分ごろ、槍ヶ岳の山頂に一発の雷が落ちた。登山者が落雷で飛ばされた瞬間を山荘スタッフが目撃しており、ただちに長野県警に事故発生の一報が入れられた。被雷者は先のパーティのひとり、六七歳の男性で、午後三時半ごろ、県警ヘリによって救助されたが、搬送先の病院で死亡が確認された。

なお、この事故が起きる一時間ほど前の午後一二時一〇分ごろ、東鎌尾根のヒュッテ大槍の近くでも落雷事故があり、千葉県の柏市山岳協会九人パーティのなかの六一歳男性が重傷を負っている。

山での落雷事故は、そう頻繁に起きるものではないが、そもそも雷は高いものに落ちるという特性がある。ピークや尾根、樹木などはそのターゲットになりやすく、山頂の祠が壊れていたり、高い木が裂けたように割れたりしているのは、雷が落ちた痕跡と思われる。たまたまそのときに登山者がいなかっただけで、もし登山者が居合わせたら、落雷による遭難事故の発生件数はもっと増えていたはずである。

南アルプスの北岳では二〇一九年八月七日、二一歳の男子大学生が落雷を受けて死亡するという事故も起きた。事故当時、男子学生はサークルの仲間三人と、北岳から間ノ岳へ向かう稜線上を歩いていた。しかし、雷雲が発生して雹や雨が降ってきたため、三人は近くの山小屋へ逃げ込んだが、男子学生の姿が見当たらず、しばらくして別の登山者が登山道で倒れている学生を発見した。彼はパーティの最後尾を歩いていて、頭部に雷が直撃したことによる落雷死であることが確認された。

一度でも経験のある人なら理解していただけると思うが、山で遭遇する雷ほど恐ろしいものはない。雷雲が発生してから避難するのでは遅いと心得、気象予報を活用するなどして、早めの避難を強くお勧めする。

低体温症は夏でも起こる

標高の高い山での悪天候時に、もうひとつ注意しなければならないのが低体温症だ。二〇一三年七月二八日、韓国人のツアー登山の一行二〇人（四〇〜七〇代の男性一四人、女性六人）が、池山尾根登山口から中央アルプスに入山した。この日は池山尾根から空木岳を経て木曽殿山荘に宿泊。翌日は主稜線を縦走して宝剣山荘に向かい、三〇日に下山する予定であった。

翌二九日は天気が崩れたが、朝のうちは雨風ともにそれほど強くなく、行動できないほどではなかった。しかし、今後さらに天気が悪化するとの予報だったため、木曽殿山荘のオーナーは宿泊客に「宝剣岳への縦走はやめたほうがいい」とアドバイスし、全員がそれに従って計画を変更した。ただ唯一、韓国人ツアーの一行だけは忠告を聞き入れず、三三五五、山荘を出発していった。

だが、それから約二時間後に天候が急変し、歩くのも困難なほどの激しい風雨となった。そのなかでとうとう低体温症で行動不能になるものが現れ、動ける者も散り散りばらばらになってしまった。悪天候に翻弄され、パーティが体を成さなくなって機能を失い、ひとりふたりと倒れていく様《さま》は、まるで二〇〇九（平成二一）年七月の大雪山系・トムラウシ山での遭難事故を彷彿させるかのようだ。

結局、この事故では、二〇人中一六人が自力下山もしくは山小屋に到着したが、三人が低体温症で、ひとりが滑落して命を落とした。遭難要因については「計画や装備が不充分だった」「日本の山のことを知らなさすぎた」「リーダーがリーダーとしての役割を果たしていなかった」など、いろいろな指摘がなされたが、致命的だったのはやはり悪天候下で登山を強行したことに尽きよう。

それから六年後の夏の北アルプスでは、一日三件もの低体温症による遭難事故が立て続けに起きた。二〇一九年八月二〇日、常念岳〜蝶ヶ岳の登山道で六九歳男性が、蓮華岳の山頂付近で六五〜七四歳の男女三人が、奥穂高岳〜前穂高岳の登山道で六八歳の男性が、低体温症で行動不能に陥り、山岳遭難防止対策協会の救助隊員らによって、それぞれ最寄りの山小屋に運び込まれた。

この日の北アルプスの稜線上は、前線や湿った空気の影響で朝から風雨が強く、気温も一〇～一五度ぐらいだった。五人の遭難者は、いずれもウェアが濡れた状態で強風を受けたために動けなくなっていた。幸い五人とも迅速な救助活動のおかげで命は助かったが、ひとつ間違えれば全員が死んでもおかしくはない事例だった。

冬山における遭難事故

二〇一二～一三年の年末年始は全国各地で遭難事故が相次いだ。そのなかでも印象に残るのは、小窓尾根から剱岳に登る計画で、二〇一二年一二月三〇日に入山した社会人山岳会の四人パーティ（二〇～四〇代の男性三人、女性ひとり）が消息を絶ったという事故だ。

四人は難易度の高い雪山経験の豊富なベテランぞろいだったが、計画していたルートから、全員が雪崩に巻き込まれたものと推測された。

ただちに富山県警山岳警備隊と四人の所属山岳会（四人は同一山岳会ではなく、三つの別の山岳会に所属していた）の仲間が捜索を開始したが、地上と空からの懸命の捜索の甲斐なく、手掛かりはつかめなかった。現場一帯は雪崩の危険が高いうえ、冬季は悪天候が続くことから、捜索は一月一〇日で打ち切られた。

しかし、捜索が長期化の様相を呈するなか、遭難者の仲間らは、一月下旬から毎週のように現場へ赴いて捜索を継続した。雪解けが進む六月に入って、四人の携行品と思われるデジタルカメラやダウンジャケットなどがようやく見つかり、一八日には遭難者ひとりの遺体も発見された。その後、遺体の一部が少しずつ見つかっていき、八月までに四人全員の遺体を確認した。

捜索に携わった富山県警山岳警備隊員のひとりは、『富山県警レスキュー最前線』（富山県警察山岳警備隊編、山と溪谷社）に、この事故について次のように記している。


警察による捜索終了後も、仲間たちの捜索は長々と続いた。池ノ谷ゴルジュから日本海にまで至る、気の遠くなるような捜索である。「遺留品を発見した」という報告があるたびに、頭の下がる思いだった。最終的に、「業」とも思えるその捜索を、遭難者の仲間たちはほとんど完遂した。それは彼らの団結力というよりも、ひとりひとりの執念の結束のように思えた。

かつて、登山者の多くが社会人山岳会や大学山岳部に所属して山に登っていた時代、仲間が山で遭難すれば、メンバーがすぐに現地へ駆けつけて、現地の救助隊員らに協力して捜索・救助を行うのが当たり前だった。だが、山岳会などの団体には所属しない未組織登山者が大半を占める今、このように自力で自分たちの仲間の捜索・救助にあたれる山岳会や山岳部、登山者はごくわずかだろう。

この四人パーティが劔岳に入山したのと同じ一二月三〇日、北アルプス穂高連峰の明神岳に名古屋山岳会の三〇代男性三人パーティが入山した。翌日の大晦日の昼ごろ、ルートを確認するため、二人が偵察に出掛けていったが、夕方になってももどらなかったため、残ったひとりが下山して警察に届け出た。

しかし、その後、悪天候が続き、こちらも捜索は難航、二人の遺体が発見されたのは五月中旬になってからのことだった。二人が消息を絶った日、ルート上に雪崩の跡が確認されていたことから、二人は雪崩に巻き込まれたものとみられている。

二〇一四〜一五年の年末年始も、中部山岳を中心に各地の山で遭難事故が続発し、一二月三一日の大晦日には北アルプスの奥穂高岳、槍ヶ岳、燕岳、南アルプスの北岳などから遭難者の救助要請が相次いだ。このうち北岳の事例は、濃霧のため山頂付近で道に迷った四〇代の男女二人が救助を求めてきたもので、女性の衰弱が激しいとのことで、警察は近くにある山小屋に避難するよう指示をした。

警察は三一日から捜索を開始、年が明けた一月二日、山小屋に避難していた男性を救助した。その三日後、捜索中のヘリが標高約二七〇〇メートルの斜面で倒れている女性を発見したが、搬送先の病院で死亡が確認された。女性は登山道から約二〇〇メートル滑落して男性とはぐれ、低体温症によって亡くなったものとみられている。

実は、この事故の六年前の二〇〇八(平成二〇)年一二月二八日、西穂高岳で女性三人パーティのうちのひとりが山頂付近から三〇〇メートル滑落するという事故が起きた。その際にピッケルが太ももを貫通するという重傷を負ったが、命に別状はなく、翌日救助された。北岳で命を落としたのがこの女性であった。

二〇一五年二月には、大学山岳部パーティの事故が起きている。二月七日、八ヶ岳に入山した学習院大学山岳部の五人パーティは、四泊五日の日程でバリエーションルートの登攀などを行う計画で、行者小屋に幕営した。しかし翌八日、二つ玉低気圧の接近により天候が悪化するなか、阿弥陀岳北稜から山頂に登ったのち、吹雪による視界不良のため下山時にルートを誤り、行者小屋とは逆方向の南面に迷い込んでしまった。

この日はビバークして一夜を明かした五人は、翌日、南稜を登り返して再度、阿弥陀岳を目指した。だが、一年生の女性部員（一九歳）が遅れ気味になったため、四年生のリーダー（二二歳）が女性部員に付き添い、ほか三人が先行して行者小屋に向かうことになった。同日午後、三人は小屋にたどり着いたが、夜になっても二人がもどってこなかったことから、山岳部の監督を通じて長野県警に救助要請を行った。

二人の遺体が発見されたのは、二日後の一一日。急峻なルンゼ（急峻で深く大きな岩溝）のなかで、二人はアンザイレン（互いにロープで結び合うこと）した状態で、深さ約一・五メートルの雪に埋もれていた。死因はリーダーが多発外傷、女性部員は低体温症だった。事故原因は不明だが、滑落後（あるいは滑落と同時）に雪崩に遭った可能性が高い。

同じ冬の阿弥陀岳南稜では、その後も事故が続発している。二〇一六年三月一五日、ガイド登山の三人パーティが、標高二五〇〇メートル付近を登攀中に雪崩が発生し、三人とも約三〇〇メートル流された。三人のうち三四歳のガイド（軽傷）と六九歳女性（重傷）は命に別状はなかったが、六一歳女性は全身を強く打って死亡した。

二〇一七年二月一〇日には、早稲田大学の登山サークル「早大山岳アルコウ会」の男性四人パーティが、標高二六〇〇メートル付近の岩場を登攀中、二人が約五〇メートル滑落するという事故が起きた。四人は翌日、長野県警ヘリによって救助されたが、頭を強く打ったひとりが命を落とし、ひとりが軽傷、ひとりが軽い凍傷を負った（いずれも二〇歳）。

さらに翌二〇一八年三月二五日、「KODAC山の会」の七人パーティ（三〇～六〇代の男女）が、P3付近（標高約二六〇〇メートル）のルンゼを登っていたときに先頭の者が滑落し、それに巻き込まれる形で七人全員が約三〇〇メートル滑落した。七人はその日のうちに県警ヘリなどによって救助されたが、三人が死亡し四人が重軽傷を負った。三人の死因は、滑落時に誘発された雪崩による窒息死であった。

さて、二〇一五年の年末には、登山界に衝撃的なニュースがもたらされた。女性では史上初めてピオレドール賞を受賞したアルパインクライマー・谷口けい（享年四三）の遭難である。一二月二一日、男性四人との五人パーティで北海道の大雪山系黒岳北壁に挑んだ谷口は、登頂後に「用を足す」といって、ロープを解いてその場を離れたのち、行方がわからなくなってしまった。翌二二日、道警山岳遭難救助隊とともに捜索にあたっていた登山仲間が、山頂から約七〇〇メートル下の急峻な斜面で、雪に埋もれている谷口を発見した。死因は脳挫傷。あまりに呆気なく、そして早すぎる死であった。

八人の命を奪った那須岳の雪崩事故

二〇一七年の冬には、山岳遭難史上に残る大きな事故が起きてしまった。三月二七日、那須連峰茶臼岳の南東斜面で雪崩が発生し、「春山安全登山講習会」に参加していた高校生と引率教員ら四八人が巻き込まれたのだ。

この講習会は、栃木県高等学校体育連盟が毎年主催しているもので、山岳部がある県下七校の高校生計五〇数人が参加していた（参加人数は報道により異なる）。日程は三月二五〜二七日の三日間で、最終日のこの日は茶臼岳に登る予定だったが、南岸低気圧の通過により、前日に大雪が降ったことなどから計画を中止し、山麓にある那須温泉ファミリースキー場のゲレンデ外の斜面でラッセル訓練（雪のなかをかき分けながら進むこと）を行うことになった。訓練に参加したのは生徒四六人、引率教員九人で、一行は五班に分かれて朝八時から順次行動を開始した。

しかし、そのおよそ四〇分後の八時四三分、上部斜面で雪崩が発生し、一〜四班の四八人全員が巻き込まれてしまった。無線や携帯が通じなかったため、救助要請するまでに約四〇分の時間を要し、救助隊が現場に到着したときには事故発生からおよそ三時間が経過していた。救助には消防や警察の隊員が出動し、栃木県は災害警戒本部を設置、災害派遣要請を受けた陸上自衛隊員も現場に駆けつけた。警察官六一人、消防隊員八〇人以上、山岳遭難救助隊員二〇人以上、自衛隊員一一七人が出動した救助活動は夕方にまでおよび、午後七時ごろまでには遭難者全員が病院に収容された。しかし、一六～一七歳の男子生徒七人と男性教員ひとり（二九歳）の計八人が命を落とし、四〇人が重軽傷を負った。八人の死因は、雪に押し潰されたことによる圧死だった。

この事故をめぐっては、二〇一九年三月八日、栃木県警が「前夜以降に三〇センチメートル超の新たな積雪があり、雪崩の危険が高まっていたにもかかわらず、充分な安全対策を講じないまま、漫然と雪上歩行訓練の実施を決定した判断に過失があった」とし、講習責任者ら男性教諭三人を業務上過失致死傷の疑いで書類送検した。これを受けて宇都宮地検は二〇二二年二月一〇日、三人を同罪で在宅起訴している。また、事故で亡くなった五人の遺族も「事故は自然災害ではなく、重大な過失による明らかな人災」と主張し、同年二月二日、栃木県と県の高校体育連盟、そして引率教員三人に計約三億八五〇〇万円の損害賠償を求める民事訴訟を宇都宮地裁に起こした。

これに対し、同年六月二二日に行われた第二回口頭弁論において、県は三教員の過失を認めたが、三教員は「雪崩は予見できなかった」とし、争う姿勢をみせている。同年一〇月二五日には宇都宮地裁で初公判が開かれ、三人の男性教諭は、「大量の積雪があるという認識はなく、雪崩発生の可能性はまったく予想できなかった」などとして無罪を主張した。現在も係争中である。

バックカントリー中の遭難事故

次にバックカントリーでの遭難事故についても触れておこう。

立山黒部アルペンルートが閉鎖となる直前、一一月下旬の北アルプス立山は、初滑りを楽しむ大勢のスキーヤーやスノーボーダーらで賑わう。そのバックカントリーの聖地とも呼ばれている場所で二〇一〇年一一月三〇日、雪崩事故が起きた。

場所は国見岳の北東斜面。スキーヤー四人とスノーボーダー二人の男性六人パーティ（二〇〜三〇代）が国見岳へ向けて斜面を登高中に雪崩が発生し、六人全員が巻き込まれた。そのうちひとりが自力で脱出し、後続のパーティのメンバーらと救助を開始。富山県警の山岳警備隊員も駆けつけてきて、全員を雪のなかから掘り出した。しかし、二人は助からず、ほかの三人も足の骨を折るなどの重傷を負った。

その三年後の二〇一三年一一月二三日、同じ立山エリアの真砂岳西側斜面の大《おお》走《ばしり》沢上部で幅約三〇メートル、長さ約六〇〇メートルの雪崩が発生し、スキーをしていた五人パーティと夫婦の計七人（三〇〜七〇代の男性四人、女性三人）が巻き込まれた。現場周辺にいた山岳ガイドやバックカントリースキーヤーらはただちに捜索を開始し、間もなく富山県警山岳警備隊も合流して七人を救助したが、搬送先の病院で全員の死亡が確認された。死因は七人とも窒息死だった。

現地では、西高東低の気圧配置となった一八日以降二二日夜まで雪が降り続き、この五日間で一・五メートルほどの積雪があったという。

また、二〇一五年の年明けには、マスコミに大きく取り上げられる事故が起きた。

四〇代の夫婦とその知人の四〇代女性の三人パーティが、新潟県湯沢町のかぐらスキー場から神楽峰のバックカントリーエリアに入山したのは、一月二日のこと。三人は中尾根を滑降してスキー場にもどる予定だったが、積雪が深くルートを誤り、中尾根とはまったく逆方向の一ノ沢のほうへと迷い込んでしまった。この日は雪洞を掘ってビバークし、翌日、斜面を登り返そうとしたが、深い雪と悪天候に阻まれ思うように進まず、結局、別の場所に雪洞を掘って二晩目のビバークをすることになった。

警察と消防は三日朝から捜索を開始し、四日の朝、神楽峰の山頂から北約二キロメートルの地点で、ヘリコプターが三人を発見・救助した。三人はいずれも手足に軽い凍傷を負っており、低体温症の症状もみられたが、命に別状はなかった。

ただ、まずかったのは、三人は登山届を出していなかったのに、スキー場の指導員には「提出した」と嘘をついて入山したことだった。それが明らかになり、記者会見の場でマスコミはこぞって三人を吊し上げた。遭難者の男性が奇抜に見えるドレッドヘアーだったことも、反感を増幅させたように思う。

男性は、「滑りたいという意識が強すぎて行動が甘かった」と反省し、「冬山というのは、ほんとうに恐ろしいものなんだなと。テレビやうわさを通して知ってはいたけど、やっとその恐ろしさがわかりました」と号泣しながら語っていたが、その様子がまるで公開処刑のようで、なんだか気の毒であった。

富士山での遭難事故

この章の最後に、富士山の遭難についてもみておこう。

日本のシンボルといっても過言ではない富士山は、二〇一三年六月、「富士山―信仰の対象と芸術の源泉」として世界文化遺産に登録されたが、それより以前の二〇〇八年ごろから「富士山ブーム」と呼ばれるものがはじまっていた。

この年、夏期（七月と八月）の登山者は初めて三〇万人を突破し（二九万七八七五人というデータもある）、その後しばらくは三〇万人前後で推移した。二〇一五年ごろからはブームが一段落したのか、二〇万人代前半ぐらいに落ち着いた（二〇一七年は二八万四八六二人と多かった）。ちなみに二〇二〇年は新型コロナウイルスの感

富士山の登山者数及び各登山道別登山者数の過去10年分の推移

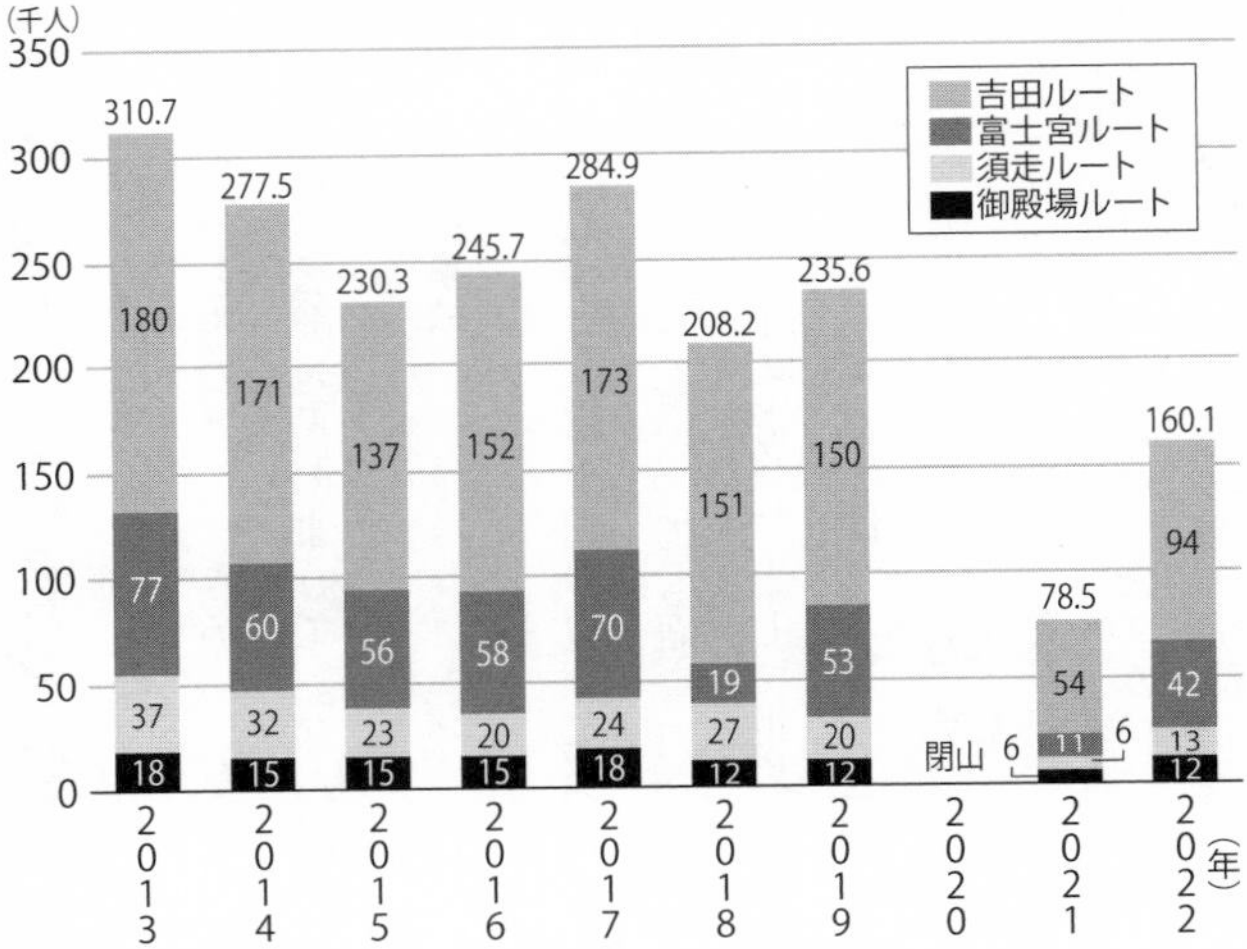

十の位を四捨五入。

計測期間の差異や欠測があるため、比較の際は注意。(下記 ※1 ~ 7 参照)

※1 :2013年 7/1~8/31
2014~2015年 7/1~9/14(吉田ルート)、7/10~9/10(須走ルート、御殿場ルート、富士宮ルート)
2016~2022年 7/1~9/10(吉田ルート)、7/10~9/10(須走ルート、御殿場ルート、富士宮ルート)

※2 :2014年は雪のため、御殿場ルートでは7/10に六合目まで開通、富士宮ルートでは7/10に八合目まで開通(いずれも全線開通は7/18)

※3 :2018年は、富士宮ルートでカウンターの不具合による欠測期間(8/14~9/10)が発生

※4 :2019年は、吉田ルートで山頂付近の崩落により、7/1に八合五勺まで開通(全線開通は7/9 15時)

※5 :2020年は、新型コロナウイルスまん延防止のための閉山によりデータなし

※6 :2021年は、カウンターの不具合により御殿場ルート(7/13~14、7/28~30、8/9、8/18、9/5~6)、富士宮ルート(7/10~8/3)の欠測期間が発生

※7 :2022年は、カウンターの不具合により須走ルート(7月10~14日)、台風・強風に伴う機器撤去により 御殿場ルート(8月12~14日、8月18~19日)の欠測期間が発生

環境省関東地方環境事務所の報道発表より

染が拡大したため全ルートが閉鎖され、再開された二〇二一年の登山者数は七万八五四八人、二〇二二年は一六万一〇〇〇人だった。

近年はコロナ禍の影響で登山者が少なくなったとはいえ、夏山シーズン中には登山道に長い列ができるほど、老若男女を問わず多くの登山者が訪れる。世界文化遺産に登録されたことに加え、そうしたシーンがテレビなどでたびたび流されるせいだろう。富士山は半ば観光地化し、誰でも手軽に登れるものと思っている人も少なくないようだ。

しかし、なにしろ日本一高い山である。四本ある登山ルートのなかで、いちばん短い富士宮ルートでさえ五合目からの標高差は約一三〇〇メートル、標準コースタイムは約八時間（最長の御殿場ルートの標高差は約二三〇〇メートル、標準コースタイムは約一一時間）だ。技術的な難易度はそれほどではないが、体力的にはかなりハードで、体に大きな負担がかかってくる。高齢者や運動不足の人のなかには、途中で登頂を諦める人も多く、無理をすれば高山病などのリスクも高まり、最悪、命を落としてしまうこともある。実際、夏の富士山では、毎年、数人が登山中に亡くなっている。私自身、一度夏の富士山で低体温症に陥りそうになり、ほうほうのていで下りてきたことがあった。

富士山というと、観光気分で登れるようなイメージがあるかもしれないが、それは誤りであり、国内では最難の山のひとつだと、私は思っている。まして季節が冬ともなれば、独立峰ゆえ自然環境は海外の高峰に匹敵するほど過酷となる。

たとえば二〇〇九年一二月、元F1レーサーの片山右京（当時四六歳）が、南極大陸の最高峰・ビンソンマシフを登るために、仲間二人（三四歳と四三歳の男性）と富士山で高所トレーニングを実施したときには、御殿場ルートの六〜七合目あたりで幕営中に、テントが強風で吹き飛ばされるというアクシデントに見舞われた。飛ばされたのは仲間二人が入っていたテントで、片山のテントは無事だった。事故発生後、片山は現場から二〇〇メートルほど下方で破れたテントと二人を発見し、自力救助に努めたが、二人とも助からなかった。死因はいずれも低体温症で、事故発生時、現場では風速約二〇メートル以上の風が吹いていたと推測される。

また、二〇一三年一二月一日には、御殿場ルートの九・五合目付近で、京都府勤労者山岳連盟の男女四人パーティ（五〇～六〇代）が、体をロープでつなぎ合ったまま約二〇〇メートル滑落、リーダーの男性が心肺停止の状態となり、三人が重傷を負った。現場は四〇度近い急斜面で、アイゼンの爪が半分も入らないほどカチカチに凍結していたという。その救助活動中、静岡市消防ヘリが遭難者の男性を吊り上げるときに、装具が抜けて男性が落下し、行方不明になってしまった。翌二日、男性は心肺停止の状態で発見され、のちに死亡が確認された。最終的に死者は二人となり、なんとも後味の悪い二重遭難事故となった。

さらに記憶に新しいところでは、二〇一九年一〇月二八日に起きた事故がある。この日、吉田ルートより入山して、動画配信サービス「ニコニコ生放送」で登山の様子をライブ配信しながら山頂を目指していた四七歳男性が、雪の積もった山頂付近を登高中に滑落し、行方不明となった。動画の視聴者からの一一〇番通報を受け、山梨・静岡の両県警山岳遭難救助隊が捜索を開始し、男性は二日後に遺体で発見された。標高差八〇〇メートル近くを滑落したため遺体は損傷が激しく、身元を特定できたのは約二週間後のことだった。

この事故が衝撃的だったのは、滑落する瞬間がインターネットを通じて世界中に配信されたことだ。「うわぁ」という男性の声とともに画像が乱れ、雪の斜面、空、男性の足、男性が持っているストック、岩などが回転しながら映り込んだ最後のシーンは、あまりに生々しい。動画を見るかぎり、男性はピッケルやアイゼンなどの冬山装備は携行しておらず、冬の富士山を登ろうとするにはあまりにも軽装だったようだ。

冬の富士山では、この男性のケースのように、明らかに技術・知識・経験・装備が不足していることによる遭難事故が散見されるが、私には自殺行為にしか思えない。ちょっとでも想像力を働かせてみれば、その恐ろしさは理解できるはずなのだが……。

なお、コロナ禍による行動制限がなかった二〇二二年夏の富士山では、遭難事故が毎日のように起きた。このことについては、第5章で触れることにする。

第2章　自然災害と山登り

東日本大震災

二〇一一（平成二三）年三月一一日の午後二時四六分、三陸沖を震源（宮城県牡鹿半島の東南東一三〇キロメートル付近、深さ約二四キロメートル）とするマグニチュード九・〇の地震が発生した。このマグニチュードは国内で観測がはじまって以降、史上最大規模（世界的には第四位の規模）で、宮城県北部の栗原市で最大震度七が観測されたほか、宮城県、福島県、茨城県、栃木県などでは震度六強を観測し、震度六弱から震度一の揺れは北海道から九州までの全国に至った。

しかし、最大の脅威となったのは、地震による揺れそのものではなく、直後に起きた巨大津波だった。押し寄せた津波は、福島県相馬で九・三メートル、岩手県宮古で八・五メートル、大船渡で八メートル、宮城県石巻市鮎川で七・六メートルを超える高さを観測し、岩手、宮城、福島県を中心とした太平洋沿岸部に壊滅的な被害をもたらした。しかも、福島第一原子力発電所では津波による浸水で原子炉三基がメルトダウンし、一九八六（昭和六一）年のチェルノブイリ原子力発電所事故と並ぶ世界最悪レベルの原発事故も引き起こされた。

この震災による被害は、nippon.com の「データで見る東日本大震災から10年」というネット記事によると、死者一万九七四七人（災害関連死を含む）、行方不明者二五五六人、全壊家屋一二万二〇〇五戸を数える（二〇二一年三月一日現在）。また、震災発生直後の避難者は約四七万人。仮設住宅などの入居者は最大約一二万四〇〇〇戸に及んだ。

震災発生から間もなくして、テレビニュースでは被災地の状況を繰り返し伝えはじめた。ただただ呆然と見ていたその映像——市街地を洗い流すかのような勢いで押し寄せる濁流、メルトダウンによる水素爆発で白煙を噴き上げる原子炉など——は、脳裏にくっきりと焼きついて離れない。そしていまだに二五〇〇人以上の人が行方不明のままで、福島原発の汚染水処理問題も解決の見通しすら立っていないという現実がある。

この災害の記憶は、おそらくある種のトラウマとなって多くの日本人に刻み込まれており、そういった意味では一〇年以上が経った今でも余震が続いているといっていいだろう。

さて、それではこの震災は、登山界にどのような影響・被害を及ぼしたのだろうか。

震災が起きた三月一一日、北アルプス・後立山連峰の小日向山では、山スキーをしていた三〇～四〇代の山岳ガイドら男性三人が、雪崩に巻き込まれて死亡する事故が発生した。新聞報道によると、地震発生時、大町では震度三を観測し、事故現場周辺では雪崩の跡や雪庇《せっぴ》（尾根の風下側に、庇のようにせり出た雪の塊）の崩落が確認されたという。三人はこの日の朝、入山し、そのうちひとりはツイッターに記事をアップしたが、午後一時半以降は投稿が途絶えていた。こうしたことから、三人は地震によって発生した雪崩に巻き込まれたという見方もされていた。

地震が雪崩を誘発したというのは、たしかにありえる話である。しかし、地震以外のほかの要因が雪崩を引き起こした可能性も否定できず、実際のところはどうなのかわからない。生存者がひとりもおらず、事故後の調査でも確証が得られていない以上、地震との因果関係は不明としておくべきだろう。

地震当日には、もう一件、遭難事故が起きている。茨城県・筑波山の御幸ヶ原付近を下山中の六七歳女性登山者が、高さ約二〇メートルから落下した縦約七〇センチメートル、幅約一メートルの落石を頭部に受けて意識不明となり、その後、死亡したという事例だ。この事故に関しては、新聞報道などで「地震による落石」と明言されており、亡くなった方は地震による死者として計上されているので、地震が事故の要因になったとみていいだろう。

登山者が地震で犠牲になった可能性のある事例はほかに確認できなかったが、登山のアプローチに利用される交通機関や道路、宿泊施設、登山道などは、一時的に営業休止や通行止めになるなどの影響が出た。また、山岳遭難救助で多くの遭難者の命を救い、山小屋の物資輸送でも活躍してきた民間ヘリコプター会社・東邦航空は、仙台空港の格納庫に駐機していた自社機一二機を津波によって消失するという壊滅的な被害を受け、山岳界の関係者に大きなショックを与えた。

なお、三月一一日以降も全国各地では頻繁に余震が続き、福島と山形の県境付近、福島県浜通りから茨城県北部にかけて、長野県北部や富山県東部、静岡県東部などでも地震活動が活発化した。同年一〇月七日には、北アルプス・黒部峡谷下ノ廊下の登山道で、地震発生直後に落石が起こり、六四歳女性が直撃を受けて命を落とし、同行者の六〇歳女性も肋骨を折るなどの重傷を負うという事故も起きている。

地震の直接的な影響ではないが、福島第一原子力発電所の事故によって大きな脅威となったのが放射性物質の拡散だ。放射線量の汚染域は福島県だけにとどまらず、東北や関東、中部地方にまで及び、放射線量が局所的に高い〝ホットスポット〟の存在も各地で確認された。突如降って湧いた、得体の知れない放射能というものに対する私たちの不安は非常に大きかった。一時期、私の山仲間の何人かは、インターネットの通販でガイガーカウンター（放射線測定器）を購入し、行く先々の山々で数値を測定していた。今では山にガイガーカウンターを持ってくることはなくなったが、当時は世間全般が放射能に対してナーバスになっていたことはたしかだ。

こうした影響から、二〇一一年は山行を控えめにした登山者も多かったようだ。

警察庁が毎年発表している山岳遭難事故の統計によると、二〇一〇（平成二二）

年までほぼ右肩上がりに増えていた遭難事故の発生件数は、二〇一一年は前年より一一二件少ない一八三〇件、遭難者数も一九二人減の二二〇四人だった。

遭難事故の急増傾向がもう三〇年以上も続くなかで、これほどガクンと遭難事故が減ったのは、分母となる登山者そのものの数が例年に比べて少なかったと考えるのが妥当だろう。ちなみに一九九七（平成九）年と二〇一九（令和元）年も遭難発生件数と遭難者数を大きく減らしているが、これは相次いで接近・上陸した台風や天候不良の影響で登山者が減少したことによるものと思われる。

東日本大震災以降も、死傷者や家屋の損壊などの被害が出る地震が幾度となく起きている。気象庁のホームページでは、一九九六（平成八）年以降の「日本付近で発生したおもな被害地震」のデータを公開しているが、毎年こんなに被害が出ているのかと改めて思う。〝地震列島日本〟とはよくいったものである。

最近では、二〇二二（令和四）年三月一六日に福島県沖で発生したマグニチュード七・四の地震が記憶に新しい。この地震の影響により、仙台市の太白山で登山道に浮石や地割れが発生するなどの被害が出たほか、月山でも例年より多くのクレバスが生じた。月山スキー場の姥ヶ岳ゲレンデでは四月一一日、スキー場のパトロール隊長の五六歳男性が幅約五〇メートル、深さ八メートルのクレバスのなかに落ち、三時間後に救助されたものの低体温症で亡くなるという不幸な事故が起きた。男性は二〇年以上のパトロール経験があるベテランで、スキーヤーに危険を知らせるため、クレバス周辺に目印を付ける作業をひとりで行っていたという。

北アルプス南部の群発地震

登山だけの視点でみれば、東日本大震災の影響は、未曽有の被害を出した地震の規模にしては、登山者の被害は奇跡的に少なかったといっていい。しかし、これは震源地が三陸沖だったこと、発生したのがシーズンオフの三月だったことが大きい。もし、中部山岳あたりを震源とする、同規模の地震が八月に起きたとしたら、大勢の登山者の命が奪われるとともに、山小屋や登山道などに甚大な被害が出たはずである。

だが、それは決してありえない話ではない。一九九八（平成一〇）年八月、北アルプス南部の槍・穂高連峰では、約一ヶ月間にわたって群発地震が続いたことがあった。発端は八月七日の午後二時過ぎに起きた地震だった。震源は上高地付近で、以降、岐阜県飛驒地方や槍ヶ岳付近へと地震は拡大していった。沈静化に向かう九月二日までの間に有感地震は二二四回を数え、そのうち震度三以上の地震は二一回、一日の地震回数は最高五四回（八月一二日）にも達した。

この一連の群発地震のなかで、最も規模が大きかったのが八月一六日の夜中に起きた地震だった。午前三時二九分にマグニチュード四・一の地震が槍・穂高連峰を揺るがし、その二分後の三時三一分にはマグニチュード五・四という最大規模の地震が起きた。

以下は、この群発地震をレポートした「山と溪谷」一九九九年八月号の記事から引用した。

　この日、槍平小屋の沖田政明さんは売店で寝ていたのだが、1回目の地震のときに食器が落ちる音を聞いて飛び起きた。すぐあとに2回目の揺れがあって、売店の棚のジュースや酒類などが、すべて下に転がり落ちた。

外に出てみると、真っ暗闇のなか、激しい雨の音をかき消すように、岩雪崩のものすごい反響音が響きわたっていた。

小屋の宿泊客は30人ほどで、みな2階で寝ていた。沖田さんは万一の避難を考え、「いつでもすぐ雨具を着られる用意を」と伝えたが、指示を聞き違えたのか、雨具を着てあわてて1階に下りてきた人が数人いたという。

殺生ヒュッテの手塚三郎さんは、ドスンという大きな揺れを感じて目が覚めた。外はまだ暗く、濃いガスが立ち込めていてなにも見えなかったが、大喰岳のほうからガラガラという落石の音が聞こえてきていた。

真夜中の突如の大きな揺れに、十五、六人ほどいた宿泊客も起きてきた。みな不安そうな表情をしていたが、大きな騒ぎにはならなかった。

この地震により、槍ヶ岳山荘の玄関前のテラスの一部は、石垣ごと谷へ崩れ落ちてしまった。もし地震が日の出のころに起きていたら、ご来光を眺める登山者が大勢テラスに出ていただろうから、大惨事になっていたはずである。槍ヶ岳山荘だけではなく、ほかの数件の山小屋でも石垣が崩壊したり歪んだりしたほか、東鎌尾根や北穂高岳〜涸沢岳の縦走路、滝谷付近を通る登山道などは岩の崩落によって通行不能となり、計画の変更を余儀なくされた登山者も少なくなかった。

また、地震発生後の数日間は、不確実な情報やデマが錯綜し、関係者らを混乱させた。北穂高岳の山頂直下に建つ北穂高小屋は、「地震で小屋がなくなった」というデマが拡散され、人伝にそれを聞いた小屋のオーナーがびっくりしたという。

およそ一ヶ月近くも続いた群発地震の影響で、上高地や槍・穂高方面への観光客、登山者は激減し、観光業者や山小屋関係者らは大きなダメージを被ったが、地震が直接的な原因と思われる遭難事故が起きなかったのは不幸中の幸いだった（八月一四日に涸沢岳で落石死亡事故が起きているが、地震との因果関係は立証されていない）。

ただ、このときから二〇年以上が経った二〇二〇（令和二）年四月二二日には、上高地付近を震源とする群発地震が再びはじまった。翌二三日にはマグニチュード五・五、五月一九日にマグニチュード五・四、二九日にマグニチュード五・三、七月五日にはマグニチュード四・八の地震を観測、九月四日の午後一時までの間に長野県内で震度一以上を観測した地震は一五〇回に及んだ。八月以降は地震活動の回数・規模とも減少し、沈静化へと向かった。

山岳地域の活断層に詳しい信州大学全学教育機構・地域防災減災センターの大塚勉特任教授は、「リスク対策.com」というウェブサイトのインタビュー記事のなかで、この地震について次のように述べている。

〈上高地付近は群発地震がたびたび起きている場所で、はっきりわかっているのは1969年、90年、98年、そして今回の2020年。だいたい10～20年の周期で起きています〉

〈今回の群発地震を1998年と比較すると、地震が起こる範囲、規模、発生パターンがかなり似ています。大きな地震が起こって、しばらく休止状態があり、また大きな地震が起こる〉

二〇二〇年の群発地震は、コロナ禍の影響で登山者が少ないさなかに起きたので、人的被害は出ていない。だが、翌二〇二一（令和三）年にも起きた槍・穂高連峰の群発地震では、とうとう人的被害が出てしまった。

この年の九月一九日の午後五時一八分ごろ、岐阜県飛騨地方を震源とするマグニチュード五・三、最大震度四の地震が発生、その後も一〇回以上の地震が続いた。この地震により、北アルプス・槍ヶ岳の北鎌尾根で複数パーティのうちの七人が落石で身動きができなくなり、救助を要請した。七人のうち四人は翌日、長野県警のヘリに救助され、三人は自力で下山した。救助された四人のなかの六一歳男性は、落石が左膝に当たって骨折する重傷を負った。

地震発生時に北鎌尾根を登っていた別パーティが、その瞬間を撮影した動画をYouTubeにアップしているが、大きな岩が女性登山者のすぐ横をかすめ落ちていき、槍ヶ岳方面の沢筋から落石による土煙が何本も上がっている様子は、あまりにも生々しい。また、ヘリで救助されたひとりは、長野放送の取材に対して次のように語っていた。

「怖かった。自分たちが歩いていたのは、北鎌というバリエーションルート。五分、一〇分前に歩いたルートの岩が落ちた。独標《どっぴょう》のコルという場所にテントを張って休憩していた、ご飯も食べて、そしたら、いきなり揺れて、すごい音がして、ガラガラと。テントから外を見たら岩が落ちていて土煙が。そのあと七時、八時ぐらいまで余震があって、余震のたびに岩の落ちる音がして。下手に動いて二次災害を起こしてもいけないと思って、申し訳なかったが、ヘリの要請をしました」

地震は翌々日の二一日まで散発的に続いたのち、一時沈静化したが、二七日には震度一から二の揺れが再び観測された。槍・穂高連峰では地震の影響であちこちが崩落し、北鎌尾根の独標付近はルートの様相が大きく変わり、槍ヶ岳〜ヒュッテ大槍間の登山道が一年近く通行止めになるなどの被害も出た。

このように槍・穂高連峰ではたびたび群発地震が起きているが、地震のリスクが高いのは槍・穂高連峰ばかりではない。気象庁のウェブサイトによると、一年間の地震回数を世界と日本で比較してみると、日本およびその周辺では、世界で起きている地震のほぼ一〇分の一にあたる地震が発生しているという。気象庁ウェブサイトでは、次のように警鐘を鳴らしている。

〈日本で地震が発生しないところはありません。小さな規模の地震は日本中どこでも発生しています。また、ある場所で過去に大きな規模の地震が発生していたとしても、地表に痕跡（活断層など）が残らないことがあります。このため「この場所は大きな規模の地震が絶対ありません」と言えるところはありません〉

つまりは、どの山に登っていても、地震のリスクは常につきまとっているということだ。それは頭の隅に入れておいたほうがいいだろう。

御嶽山の水蒸気噴火

登山者に大きな被害をもたらす自然災害といえば、火山噴火を忘れてはならない。多くの死傷者を出した二〇一四（平成二六）年の御嶽山の噴火は、記憶に新しいところだ。

現在、日本国内には一一一の活火山（おおむね過去一万年以内に噴火した火山および現在活発な噴気活動のある火山）がある。そのなかには、御嶽山のように登山の対象となっている山も多く含まれている。

この一一一の火山のうち、今後一〇〇年程度の中・長期のうちに噴火の可能性があり、その社会的な影響を踏まえ、「火山防災のために監視・観測体制の充実等の必要がある」として二四時間体制で常時観測・監視している火山が五〇ある。さらにそのなかの硫黄島を除く四九の火山（二〇二二年三月現在）で運用されているのが「噴火警戒レベル」である。これは、火山活動の状況に応じて、「警戒が必要な範囲」と、防災機関や住民等の「とるべき防災対応」を五段階に区分して発表する指標で、活動が活発化すれば噴火警報などを発表し、入山規制や避難などの呼びかけを行う。しかし、各レベルにおける火山活動の状況や住民らの対応方法の判定基準は、その火山がある地域によって異なる。各火山の現時点での噴火警戒レベルは、気象庁のウェブサイトの「火山登山者向けの情報提供ページ」で確認することができる。

ただし、噴火警戒レベルを参考にする際には、「火山の状況によっては、異常が観測されずに噴火する場合もあり、レベルの発表が必ずしも段階を追って順番どおりになるとは限らない」と、同サイトでは注意を促している。御嶽山の噴火が、ま

「火山防災のために監視・観測体制の充実等が必要な火山」として火山噴火予知連絡会によって選定された50火山

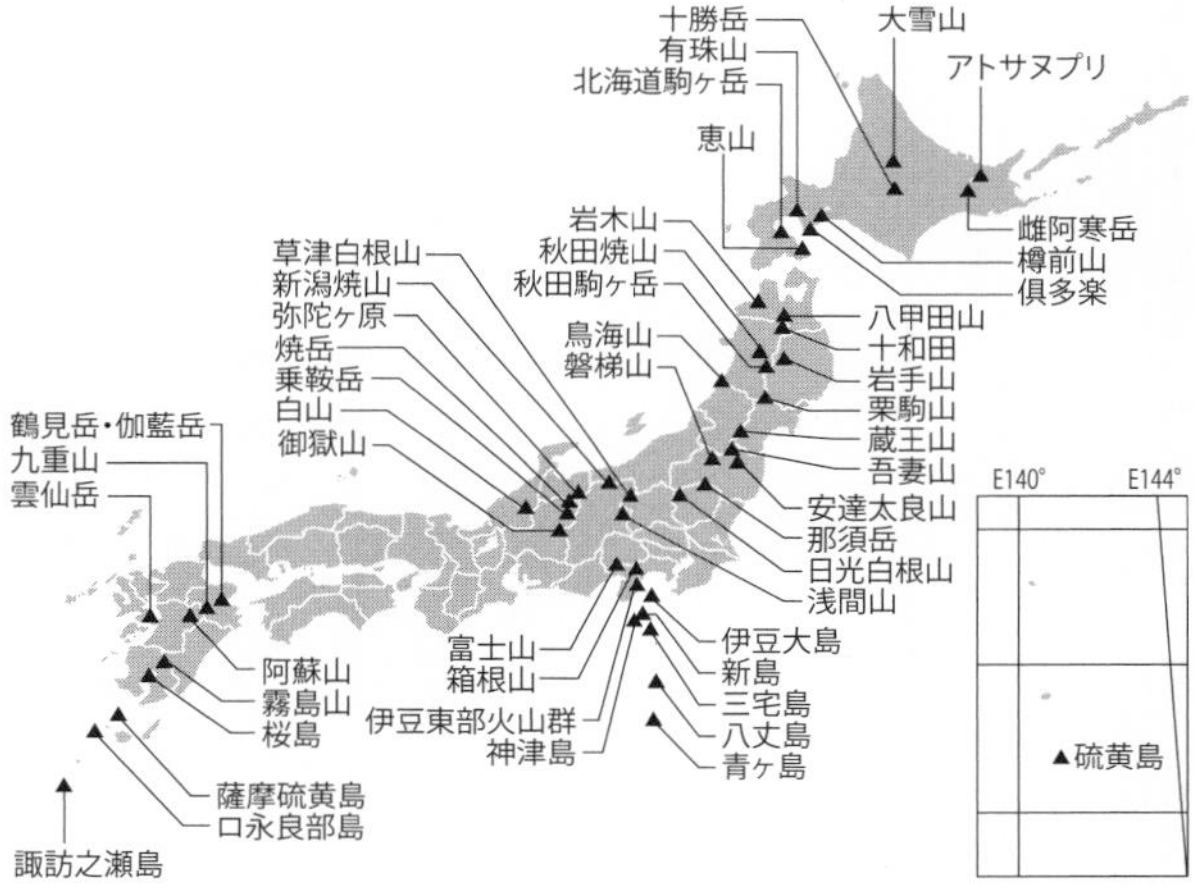

気象庁HPより

さにそうだった。

噴火前の御嶽山の噴火警戒レベルは一の「平常」（当時の区分）で、「火山活動に特段の変化はなく、静穏に経過しており、噴火の兆候は認められない」との判定だった。それが同年九月二七日の午前一一時五二分、突如として噴火した。

この噴火は、マグマで熱せられた地下水が沸騰して爆発する水蒸気噴火だった。水蒸気噴火はマグマ噴火と違って山体の変形や火山性微動がみられないことも多く、予知が難しいとされている。

実は噴火の二週間ほど前から、御嶽山の剣ヶ峰山頂付近では火山性地震が増加しており、気象庁はその情報を周辺自治体などに伝えていた。しかし、その後は小康状態になったことに加え、火山活動が活発化したことを示す火山性微動は観測されなかったため、噴火警戒レベルは引き上げられないままであった。

この日は好天の土曜日で、紅葉シーズンがはじまっていたこともあり、大勢の登山者が御嶽山を訪れていた。しかも、噴火した時刻はちょうどお昼どきで、山頂周辺などでランチをとっている登山者も多かった。

たまたまその瞬間に出くわしてしまい、辛くも九死に一生を得た人たちの証言は、あまりにも生々しく悲惨である。以下、新聞報道等からいくつか要約して紹介する。

八丁ダルミにいたときに、地鳴りとともに、なんの前触れもなくドン、ドンという鈍い音が鳴り響いた。一〇〇メートルほど先に白い煙が二つ、むくむくと噴き上がっていくのが見え、すぐに周辺が煙で闇に包まれると、こぶし大から畳ほどの大きさもある石が降ってきた。この場所にいてはまずいと思い、噴煙が押し寄せる側とは反対の斜面に逃れようとしたとき、今度は猛烈な熱風が襲ってきた。火山灰で鼻や口、耳が詰まり、熱さも加わって息ができず、死ぬかと思った。ザックを背負っていなかったら、熱でやられていた。全身は灰で真っ白で、足元には五〇センチメートルほどの灰が積もっていた。やっとの思いで登山道を下ったが、途中の尾根上には、家族連れや若い女性ら一〇〇人ほどの人がいた。「助けてくれ」という声も聞こえてきたが、まわりが見えずどうしようもなかった。助かったのは奇跡としか思えない。（六三歳男性「中日新聞」）

突然、「パーン、パーン」と鉄砲を撃ったような乾いた音が響き渡った。山頂からもくもくと灰色の煙が上に向かって伸びたかと思うと、横に広がっていった。このときは、みんな写真を撮るなどのんびりしたものだったが、急に煙が向きを変え、自分たちのいる方向に雪崩のように迫ってきた。灰が降りかかるのと同時に、自分の手も見えないくらい真っ暗になり、五〇〇円玉ぐらいの大きさにくっついた噴石のかたまりが打ち付けるように降り始めた。バーン、バーンと音がして、雷が光っているのが暗闇でも見えた。ほんとうに地獄のようだった。二〇分ほど経ったときに少し明るくなり、「今しかチャンスはない」と思い、転落防止のためのロープにつかまりながらゆっくり下りはじめた。（三八歳男性「MSN産経ニュース」）

大学時代からの仲間三人で王滝口を出発し、九合目付近に差しかかったとき、突然、目の前で噴煙が上がった。黒ずんだ煙に覆われ、その場にうずくまった。暗闇の中、「痛い、痛い」とうめくような声がして目をやると、仲間の女性の左膝から血が流れ続けていた。降ってきた噴石につぶされ、ちぎれかかっていた。一一九番し、アドバイスを受けながら止血のために足をタオルで縛ったり、爪先の位置を高くしようと体をずらしたりした。すぐ近くの山小屋に運ぼうとしたが、とても動かせる状態ではなかった。「お母さんと話したい」というので、携帯電話で女性の母に状況を説明した後、女性に代わった。噴火から三時間半がたったころ、少しずつ弱っていた心臓の鼓動が聞こえなくなった。「ごめんね」としか言えず、女性をその場において下山した。（三五歳男性「東京新聞」）

友人二人と登った御嶽山で噴火に遭ったのは、二十七日正午頃、ちょうど山頂付近だった。噴火に驚き、神社の建物に駆け寄った。中に逃げ込もうとしたが出入り口が見当たらず、ひさしの下に頭と肩だけを入れた。背後から次々と人が駆け寄り、ひさしに入ろうとした。そこに上空から大小さまざまな石が落ちてきた。屋根に当たってはね、頭上にばらばら降り注いだ。そばにいた男性が窓をたたき割ったので、火山灰に埋もれていた足を懸命に抜き、中へ入った。結局、逃げ込めたのは十数人。わずかに遅れ、逃げ込めなかった人が倒れ、灰に埋もれるのを目の当たりにした。灰が降り続ける中、何とか倒れた人を中に引き入れようとしたが、灰に埋まりかけた若い女性三、四人は動かず、中に引きずりこんだ男性は「痛い、痛い」と苦しんだ。その声もやがて聞こえなくなり、動かなくなった。（七三歳女性「読売新聞」）

現地では、噴火直後から警察・消防・自衛隊の三隊が連携しての捜索・救助隊が展開された。しかし、噴火活動や火山灰、台風の接近、悪天候などによって難航し、一〇月一六日、「山頂付近での降雪などにより二次災害の危険が高まった」として捜索は打ち切られた。この二〇日間の捜索・救助活動に携わった人員は、述べ一万五〇〇〇人余りにのぼる。そして翌年の七月二九日から八月六日にかけて再捜索が行われ、行方不明者一人が発見された。

この噴火による死者は五八人、行方不明者五人、重傷者二九人、軽傷者四〇人を数え、一九九一（平成三）年の雲仙・普賢岳の噴火（死者・行方不明者四三人）を上回る戦後最悪の火山災害となった。死者の発見場所は、今回の噴火口の東側にあたる剣ヶ峰〜王滝頂上の間に集中しており、その死因のほとんどが、噴石の直撃などによる外傷性ショックであった。

一連の報道のなかで、最も印象に残っているのが、噴火翌々日の「産経新聞」が第一面に掲載した写真だった。それは火山灰が積もった灰色一色の山頂付近をヘリコプターからズームした写真で、石仏のかたわらの石造りの台座に女性が寄りかかっていた。座り込んだまま抱えているザックの色は紫で、着ているジャケットとフードの色も紫だった。

不気味にくすんだ灰色の世界で、女性のウェアとザックの紫色だけが、火山灰で汚れてはいたが、泥地に咲くスミレの花のように、唯一〝生〟を連想させた。

記事には「座り込む女性、右手が動いた」という見出しがつけられていた。噴火から一夜が明けた二八日、現場を取材するために飛んだ報道ヘリが、山頂付近で発見したのが前日に被災したこの女性だった。ヘリに気づいた女性は、フードを被っていた顔をかすかに上に向かせ、力を振り絞るようにして、ザックを抱えていた右手の先を小さく振ったという。

噴火から一年が経過した二〇一五（平成二七）年九月二七日、この日付の「産経新聞」に、生還した女性の長い体験記事が掲載された。あの日、彼女は友人と二人で御嶽山に登り、八丁ダルミを歩いていたときに噴火に遭遇した。一分もしないうちに噴石が降り注いできて、ザックで隠れていない後頭部や腰を直撃した。最後に左腕に大きな衝撃を受けて地面に倒れ、気がつくと千切《ちぎ》れた自分の左腕がお腹の上に乗っかっていた。

一〇〇メートルほど離れた場所に、身を隠せそうな石造りの台座が見えたので、何度も気を失いながら這ってそこまで移動した。気温が氷点下近くまで下がった過酷な一夜を耐える間に、周囲にいた二人の男性登山者が息を引き取った。女性が噴火に遭遇していたときに、先行していた彼女の友人は難を逃れ、携帯電話を通して彼女を励まし続けた。「私がここで死んだら友人はきっと自責の念にかられる。だから生き抜こう」という意思が、彼女を生還に導いたのだった。

一年経って彼女が自分の体験を語ったのは、「連日のように自然災害の脅威が伝えられるなかで、御嶽山の噴火が忘れ去られてしまうのではないか」と危機感を抱いたからだという。

火山ガスはサイレントキラー

国内で登山者が犠牲になった火山噴火は、御嶽山にとどまらない。江戸時代後期以降で記録が残っているのは鳥海山（一八〇一年）、霧島山（一八九六年）、浅間山（一九四七年ほか）、阿蘇山（一九五三年）、新潟焼山《やけやま》（一九七四年）などだ。

ちなみに御嶽山は一九七九（昭和五四）年一〇月二八日にも水蒸気爆発を起こし

たが、すでに登山シーズンは終わっていたこと、噴火時刻が午前五時二〇分と早朝だったことから、犠牲者は確認されなかった。このときまで御嶽山は〝死火山〟と考えられており、誰も噴火するとは想像すらしていなかったそうだ。「死火山」「休火山」という定義が使われなくなったのは、この噴火がきっかけだった。

二〇一四年の御嶽山の噴火を踏まえ、国および火山を抱える自治体や関係機関などは、火山観測体制や火山防災対策の強化を図ってきた。しかし、数万〜数十万年程度といわれる火山の寿命のなかでは、噴火はほんの一瞬の出来事であり、それを正確に予知することは、現時点では極めて困難だという。極端な話、火山に登る以上、噴火に遭遇するリスクは常についてまわり、たまたまその瞬間に現場に居合わせてしまってもなんら不思議ではない。

また、火山が恐ろしいのは、直接的な噴火だけではない。一九九七年九月一五日、福島県の沼尻から安達太良山に入山した登山サークル一四人パーティは、沼ノ平付近でルートを間違えたことに気づき、正規のルートにもどろうとしていたときに、突如として女性三人が倒れ込み、それを見て駆け寄ったもうひとりの女性も、すぐにその場に倒れてしまった。四人は、通報を受けて駆けつけた救助隊に救助されたが、のちに死亡が確認された。四人の死因は火山ガス（硫化水素）による中毒死で、ほぼ即死状態だったとみられている。

この事故の二ヶ月ほど前の七月一二日には、青森の八甲田山で夜間歩行訓練を行っていた陸上自衛隊が田代平牧場付近を通過中に、隊員のうち一二人が突然、歩行困難に陥り、うち三人が収容先の病院で死亡するという事故も起きている。現場からは高濃度の火山性の二酸化炭素が検出され、同火山ガスによる国内で初めての死亡事故となった。

同じ八甲田山の酸ヶ湯《すかゆ》温泉付近では二〇一〇年六月二〇日にも、山菜採りをしていた女子中学生が硫化水素を吸い込んで亡くなるという事故も起きた。そのほか、阿蘇山や草津白根山、北アルプス立山の地獄谷、秋田県の泥湯温泉や乳頭温泉などでも、火山ガスによる登山者や観光客の中毒死事故が起きている。

これらの事故の要因となった火山ガスは、火山活動により地表に噴出する気体のことをいう。そのなかでも、最も多い死亡原因となっているのが硫化水素だ。硫化水素は非常に毒性が強い神経性のガスで、高濃度の場合は一瞬吸い込んだだけで意識を失ったり死亡したりしてしまう。俗にいう「硫黄の臭い」（温泉地などで嗅ぐことができる刺激臭。〝卵が腐ったような臭い〟ともいう。本来、硫黄は無臭である）の正体が、実はこの硫化水素なのである。

最近では、二〇二〇（令和二）年六月に秋田県の仙北市と鹿角市にまたがる秋田焼山の登山道周辺で、致死量の数十倍にあたる硫化水素が観測された。このため県は、指定された登山道以外には絶対に立ち入らないこと、また国道三四一号の一部区間では車を停めないことを呼びかけている。

同じ火山ガスでも、九州の阿蘇山で数件の事故例が報告されているのが二酸化硫黄だ。硫化水素と同様、刺激臭があり、高濃度のものを吸引すればやはり短時間で危険な状態に陥ってしまう。

もうひとつ、有毒ガスではないが、発生量によっては酸欠の原因になることから危険視されているのが二酸化炭素である。二酸化炭素は、硫化水素や二酸化硫黄と違ってまったく臭いがしないため、まずその発生には気がつかない。また、硫化水素や二酸化硫黄は植物を枯らすため、発生場所は荒涼としているのだが、二酸化炭素は植物に影響を与えないので、地形からガスの発生を推測することも困難である。そういう意味では、毒性のある硫化水素や二酸化硫黄よりも恐ろしい存在であるといっていい。

これらの火山ガスによる事故は、ガスが滞留しやすい地形（窪地、谷間、沢、低地、雪洞内など）において、無風状態のときに起こりやすい。比較的気温が低く、かつ雨雲や雪雲などに低く覆われている日などはとくに注意を要する。もっとも、有毒ガスは塊となってふわふわと空中を浮遊し、その位置や濃度は秒単位で変化する。ちょうどその塊のあるところを通過するときにガスを吸い込むと、たちまち意識を失ってばったりと倒れ込み、最悪、死に至ることになってしまう。それはまるで静かに忍び寄る暗殺者のようだ。

頻発しているわけではないが、国内では数年に一度、火山ガスによる死亡事故が起きている。火山ガスが噴出している山や温泉、観光地などを訪れる際には、警戒するに越したことはない。

頻発する気象災害

地震や火山噴火のほかに、登山者を窮地に陥れる自然災害といえば、台風や大雨が挙げられる。とくに近年は、大気中の二酸化炭素濃度の増加による地球温暖化が気象変動を引き起こし、世界的に大きな問題となっている。

国内においても、ここ一〇年ほどを振り返ってみると、以下のような台風や大雨による気象災害が起きている（気象庁ＨＰ「災害をもたらした気象事例」より抜粋）。

■二〇一一年七月　新潟・福島豪雨

七月二七日から三〇日にかけて、停滞前線に向かって暖湿気流が流れ込み、大気の状態が不安定となって、新潟県と福島県会津地方を中心に記録的な大雨になった。死者四人、行方不明者二人、負傷者一四人。

■二〇一一年　台風一二号による暴風・大雨

九月二日に四国地方に接近した台風一二号は、三日一〇時ごろ高知県東部に上陸、午後六時過ぎに岡山県南部に再上陸したのち山陰沖に進み、五日午後三時に日本海中部で温帯低気圧に変わった。大型で動きが遅かったため、長時間にわたって広い範囲で記録的な大雨となる。死者八二人、行方不明者一六人、負傷者一一三人。

■二〇一一年　台風一五号による暴風・大雨

九月一三日に日本の南海上で発生した台風一五号は、南大東島の西海上にしばらく留まったのち、二一日午後二時ごろ静岡県浜松市付近に上陸、強い勢力を保ちながら北東に進み、西日本から北日本にかけての広い範囲に暴風や記録的な大雨をもたらした。死者一九人、行方不明者一人、負傷者四五二人。

■二〇一二年七月　九州北部豪雨

停滞していた梅雨前線に暖かく湿った空気が流入し、雨雲が次々と流れ込んで発達。一一日から一四日にかけて、福岡県、熊本県、大分県、佐賀県では長時間にわたって局地的な豪雨が続いた。死者三〇人、行方不明者三人、負傷者三四人。

■二〇一三年　台風二六号による暴風・大雨

一〇月一一日に発生した台風二六号は、大型で強い勢力のまま一六日明け方に関東地方沿岸に接近。関東の東海上を北上し、同日午後三時に三陸沖で温帯低気圧に変わった。これにより、西日本から北日本の広い範囲で暴風・大雨となった。死者四〇人、行方不明者三人、負傷者一三〇人。

■二〇一四年　八月豪雨

相次いで接近した台風一二号と一一号および停滞前線の影響で、七月三〇日から八月二六日にかけて、全国各地の広い範囲で大雨となった。とくに兵庫県丹波市や広島県広島市では大規模な土砂災害が発生し、甚大な被害が出た。死者九二人、負傷者一三九人。

■二〇一五年九月　関東・東北豪雨

九月九日に愛知県知多半島に上陸した台風一八号が、日本海に進んで温帯低気圧に変わり、この低気圧に向かって南から湿った空気が流れ込んだ影響で、西日本から北日本にかけての広い範囲で大雨となった。鬼怒川では堤防が決壊して家屋の流出や全半壊などの被害が出た。死者八人、負傷者八〇人。

■二〇一六年　台風七号、九号、一〇号、一一号および前線による大雨・暴風八月に相次いで発生した四つの台風と前線の影響で、東日本から北日本を中心に大雨や暴風に見舞われた。とくに北海道と岩手県では記録的な大雨となった。死者二八人、行方不明者三人、負傷者九〇人。

■二〇一七年七月　九州北部豪雨

梅雨前線や台風三号の影響により、六月三〇日から七月一〇日にかけて、西日本から東日本を中心に猛烈な雨が局地的に降った。とくに七月五日から六日にかけて、西日本で記録的な大雨となった。死者三九人、行方不明者四人、負傷者三五人。

■二〇一八年七月　豪雨

梅雨前線や台風七号の影響により、日本付近に暖かく非常に湿った空気が供給され続け、六月二八日から七月八日にかけて、西日本を中心に全国的に広い範囲で記録的な大雨となった。広島県、岡山県、愛媛県などで多数の死者・行方不明者が出た。死者二二四人、行方不明者八人、負傷者四五九人。

■二〇一九年八月　前線に伴う大雨

前線の影響で八月二六日から二九日にかけて線状降水帯が形成・維持され、九州北部で集中豪雨が発生。佐賀県を中心にそれまでの観測記録を更新する記録的な大雨となった。死者四人、負傷者二人。

■二〇一九年　房総半島に台風

九月八日から九日にかけて、伊豆諸島近海から三浦半島付近を通過し、千葉市付近に上陸して日本の東へ進んだ台風一五号の影響により、関東地方南部や伊豆諸島を中心に暴風・大雨となった。死者三人、負傷者一五〇人。

■二〇一九年　東日本台風

日本の南を北上し、伊豆半島に上陸して関東地方を通過、日本の東で温帯低気圧に変わった台風一五号の影響により、一〇月一〇日から一三日にかけて、静岡県や関東地方、甲信越地方、東北地方などの広い範囲で大雨、暴風、高波、高潮を記録した。死者一〇五人、行方不明者三人、負傷者三七五人。

■二〇二〇年七月　豪雨

七月三日から三一日にかけて、日本付近に停滞した前線の影響で暖かく湿った空気が継続して流れ込み、西日本から東北地方の広い範囲で大雨となった。この大雨により、球磨川や筑後川、飛驒川、江ノ川、最上川などの大河川での氾濫が相次いだ。死者八四人、行方不明者二人、負傷者七七人。

■二〇二一年八月　大雨

八月一一日から一九日にかけて、日本付近に停滞している前線に向かって暖かく湿った空気が流れ込み、前線の活動が活発となった影響で、全国各地の広範囲で記録的な大雨となった。死者一三人、負傷者三〇人。

こうして振り返ってみると、「(集中)豪雨」「台風」などをキーワードとする気象災害が、ほぼ毎年のように起きている。あくまで印象的なものだが、ひと昔前と比べると近年は、雨の降り方が猛烈になってきたように感じるのは私だけだろうか。

これらの豪雨や台風は、土砂災害や河川の氾濫、浸水害、ライフラインの寸断など、広い範囲に多大な被害をもたらし、当然ながら山岳地にも大きな爪痕を残す。最近では二〇一九年五月一八日、記録的な大雨に見舞われた屋久島で土砂崩れなどにより複数箇所で道路が寸断し、登山者三一四人が下山できずに一時孤立状態となってしまうという災害が起きた（翌日までに全員救出）。

その前年の二〇一八年は非常に台風が多かった年で、六月〜八月の三ヶ月の間に一八個もの台風が発生した。うち七月二五日に発生した台風一二号は、紀伊半島の東側から上陸して西日本を東から西へ進み、九州の南海上で輪を描くように大陸へ抜けるという異例の経路をたどったが、富士山と槍ヶ岳の北鎌尾根では台風の接近に伴う低体温症による死亡事故が起きている。また、九月四日には強い勢力を保った台風二一号が日本に上陸し、西日本から北日本にかけて暴風が吹き荒れ、北アルプス・立山室堂にある山小屋では屋根や入り口の扉が吹き飛ぶなどの被害が出た。

そのほか、崩落や倒木、落石、沢の増水、橋の流失などによる登山道の寸断は大雨や台風に見舞われるたびに、そこかしこの山で起きている。登山者がそれほど多くない山域では、被害状況がなかなか把握できず、台風が通過したのちに、だいぶ時間が経って山に行ってみたら倒木で登山道が通れなくなっていた、という話もよく耳にするところだ。たとえ被害状況がわかっても、山によっては復旧するまでにかなりの時間を要するため、登山者が不便を強いられることもある。なかには通行止めになっている箇所を無理やり通過しようとする輩もいて、挙句、転滑落してしまうという事故も散見される。

文部科学省と気象庁が作成した「日本の気象変動2020――大気と陸・海洋に関する観測・予測評価報告書」では、降雨に関する「現在までに観測されている変化」として、「大雨及び短時間強雨の発生頻度は有意に増加し、雨の降る日数は有意に減少している」「一方、年間又は季節ごとの降水量(合計量)には統計的に有意な長期変化傾向は見られない」という二点を挙げている。つまり、「雨の降る日数は減っているが、大雨や短時間強雨の頻度が増えているため、年間を通してのトータルの降水量に変化はない」というわけだ。

その要因として指摘されているのが、ご存じのとおり地球温暖化である。地球温暖化によって、世界の平均気温が長期的に上昇傾向にあることは疑う余地がない。これに伴い、大気中の水蒸気が増加していて、暖かく湿った空気が局所的に入りやすくなっており、大雨や短時間強雨が頻発するという仕組みである。

先の報告書では、二一世紀末の世界の平均気温が二度もしくは四度上昇した際のシナリオに基づき、日本における「降水」と「台風（熱帯低気圧）」の将来について次のように予測している。

●全国平均でみた場合、大雨や短時間強雨の発生頻度や強さは増加し、雨の降る日数は減少すると予測される。

●初夏（六月）の梅雨前線に伴う降水帯は強まり、現在よりも南に位置すると予測される。

●多くの研究から、日本付近における台風の強度は強まると予測されている（台風のエネルギー源である大気中の水蒸気量が増加するため）。

●四度の上昇実験（シミュレーション）の結果などから、日本の南海上においては、非常に強い熱帯低気圧（「猛烈な」台風に相当）の存在頻度が増す可能性が高いことが示されている。

温暖化に歯止めがかからないかぎり、「大雨」「豪雨」「台風」の脅威は今後も増すと考えて、まず間違いはないだろう。

自然災害による遭難事故を回避するために

これまでみてきた地震、火山噴火、豪雨や台風などは、発生自体を食い止めることは不可能である。ならば、登山者自身が被害を最小限に抑えるための対処・対策をとるしかない。

豪雨や台風などの気象的なリスクについては、天気予報を活用することで比較的容易に回避できるだろう。今日の天気予報は精度が高く、インターネットの気象関連サイトでは雨雲の動き、降水量、大雨の危険度、台風の進路、浸水・洪水・土砂災害の危険度など、多岐にわたる細やかな予報が公開されている。これらを活用しない手はない。

登山の前にはこれらの情報をチェックして、大雨や豪雨、台風の接近などのリスクが予想される場合は、山行を中止もしくは延期するにかぎる。とくに警報や注意報が出されていたり、天気予報やニュースなどで警戒を呼びかけているときに山に行くのは、自殺行為に等しい。おとなしく家でじっとしているのが最善である。

先に挙げた気象災害では、それぞれ多大な被害が出ているが、登山者が死傷したという報告はほとんど聞かない。それは、「こんなときに山に行くのは危険極まりない」ということを、あえていわれなくても、登山者自身がよくわかっているからだろう。逆に、低気圧や前線の通過、寒気の流入、冬型の気圧配置など、日常的な気象変化のなかでの遭難事故が多発しているように感じる。極端な災害級の悪天候のときほどの警戒心が生じないからだと思われるが、ふだんの気象変化にこそ注意しなければならない。

豪雨のあとや台風の通過後も、山の状況が変わっている可能性があるので油断はできない。登山道の被害状況などを事前に確認するとともに、現地で通行不能な箇所に出くわしたら無理せず引き返すつもりで計画を立てる必要がある。

一方、火山噴火については、大雨や台風のようなわけにはいかず、予知は非常に難しい。火山噴火に遭遇しないためには、登らないのがいちばんなのだが、そういってしまっては身も蓋もない。大雪山、八甲田山、鳥海山、吾妻連峰、会津磐梯山、浅間山、草津白根山、妙高山、白山、富士山、九重《くじゅう》山、阿蘇山など、日本には登って楽しい魅力的な活火山がいっぱいある。

先にも少し触れたが、気象庁は、国内の五〇の常時観測火山の活動状況について、最新情報をウェブサイトにて発表しており、「火山概況」「噴火警報・予報」「噴火速報」「降灰予報」「火山ガス予報」などをチェックすることができる。別枠で「火山登山者向けの情報提供ページ」も設けられているので、対象火山に登る際には、事前に最新情報に目を通しておくといい。火山によっては、噴火警戒レベルのリーフレットやハザードマップ（火山防災マップ）も要チェックだ。ハザードマップは、防災科学技術研究所の「火山ハザードマップデータベース」のウェブサイトで検索できる。

実際の登山にあたっては、噴火に遭遇することを想定した装備も携行したい。噴石などから頭部を守るためのヘルメット、火山灰が目に入るのを防ぐゴーグル、火山灰の吸引を防ぐためのタオルは必携だ。また、御嶽山の噴火では、犠牲者や行方不明者の身元確認に手間取り、混乱を招くという事態が起きた。登山以前の準備として、登山届は必ず提出しておこう。

そして最も重要なのは、火山に登る以上、いつ噴火に遭遇してもおかしくないという認識を持つことだ。無警戒だった火山が突然噴火することは充分起こりうることであり、事前にいくら情報を収集したとしても、噴火に遭遇することを防ぎ切れるものではない。

以前、噴火警戒レベルが一で火口から五〇〇メートル以内への立ち入りが禁止されている浅間山に登ったとき、警告板を無視してロープを越え、火口付近へと立ち入っていく登山者が少なからずいた。噴火後の御嶽山では、立ち入りが規制されている警戒区域内に入り込む登山者があとを絶たず問題になった。噴火警戒レベルが二の霧島連山・新燃岳《しんもえ》では、入山規制中のエリアに立ち入った登山者の遭難騒ぎが起きたこともあった。

まさか、この瞬間に噴火するはずはない……、それがごくふつうの認識であり、「噴火するかもしれない」と思っていたら、まずその山には登らないだろう。数十年〜数百年という噴火の周期のなかでは、前回の噴火でどれほど多くの犠牲者が出ようと、悲しいかな人はその記憶をいつか忘れてしまう。御嶽山の噴火の記憶にしても、あと一〇年、あるいは二〇年したら、すっかり忘れ去られているかもしれない。

だが、繰り返していうが、火山に登るからには、噴火に遭遇するリスクは常についてまわる。それを前提としたうえでの「登る」「登らない」の判断は、個々の登山者の責任によるものである。

もし不幸にも登山中に火山噴火に遭遇してしまったら、浅間山や御嶽山などのようにシェルターがある場合は、そこに避難するのがいちばんだ。シェルターがなければ、大きな岩陰などに身を隠すか、山小屋などに避難する。

ただし、先の御嶽山の噴火の際には、直径数センチ〜五、六〇センチメートルの噴石が時速三五〇キロ〜四〇〇キロメートルで飛び出したと推測され、火口周辺ではそれが雨のように降り注いだという。しかも、なかには軽トラック大の噴石まであったというから、そんな状況下ではどこかに身を隠せたとしても、気休めにしかならないかもしれない。

噴火がいったん落ち着くか、噴石の危険が低ければ、早急に噴火口から離れて、より安全な場所に避難することだ。御嶽山の噴火時には、人の頭ほどの大きさの噴石が一キロメートル以上離れた場所まで飛んだので、少なくともそれ以上は遠ざからないと安全圏とはいえない。避難するときは、ヘルメットやゴーグルがあればそれらを着け、体内への火山灰の侵入を防ぐためにタオルなどで目、鼻、口を覆うこと。噴煙であたりが暗ければヘッドランプを点け、ザックは背中のプロテクターになるので、背負ったままにする。避難経路としては、火砕流や火山ガスが流れ込みやすい谷・沢沿いはできるだけ避けたほうがいい。

生き延びるために、とにかくやれることはすべてやるしかない。もちろんスマートフォン（以下、スマホ）で写真を撮っている場合などではない。そんな余裕があるなら、少しでも噴火口から遠ざかるように努めることだ。

火山活動が続いている山では、噴火はしなくても場所によって火山ガスが噴出しているところがある。有毒な火山ガスの危険があるエリアでは、地元の自治体や観光協会、宿泊施設がホームページなどで情報を流しているので、事前にチェックする。現地では、決められたルートを外れないようにし、立入禁止のルートや危険区域には絶対に入り込んではならない。ガスが噴出していたり、刺激臭が漂っていたりする場所には、むやみに近づかないほうが無難だ。

なお、御嶽山噴火を受けて二〇一五年に改正された活動火山対策特別措置法は、全国四九火山の周辺自治体に対して、「避難促進施設」の指定と「避難確保計画」の作成を義務づけている。避難促進施設は、火山噴火の際に登山者や観光客らが逃げ込める施設で、山小屋やホテルなどの宿泊施設、ビジターセンターなどが対象となる。それらの各施設が退避方法などを決めたものが避難確保計画だ。ただし、人手やノウハウが不足していることから、二〇二二年三月末時点で施設の指定が済んでいるのは全体の三割ほどで、そのうち計画を作成済みの自治体は五五パーセントしかなかった。近年噴火が起きていない地域の作成率がとくに低く、総務省は二〇二二年九月、防災担当の内閣府に対して、市町村への周知徹底やノウハウ提供に努めるよう勧告した。

さて、最後に地震について述べておきたい。地震の予知は、火山噴火よりもさらに困難である。現時点では、精度の高い地震の予知は極めて難しく、いつ、どこで、どれぐらいの規模の地震が起きるのかは、誰にもわからない。今は地震発生直前に緊急地震速報が流れ、強い揺れが来る前にスマホなどを通して警報が発せられるようになっているが、時間的猶予は数秒〜数十秒しかない。このごく短い時間内でできる対策といったら、せいぜい揺れに対して身構えることぐらいだろう。

槍・穂高連峰で起きた群発地震のように、特定エリアにおいて、ある一定期間にわたって地震が続くような場合は、そのエリアでの登山をしばらく控えることで、ある程度はリスクを回避できる。しかし、たいていの地震は、なんの前触れもなく、ある日突如として発生する。岩場や雪の急斜面を通過しているときに地震が起き、誘発された落石や雪崩が上から襲いかかってきたとしたら……。

残念ながら回避するためにできることはほとんどない。足場が不安定な場所では転滑落しないように体勢を低くして安定させる、頑丈な木につかまる、落石や雪崩を避けられる場所に移動することぐらいで、あとは運を天に任せるしかない。

ときに自然は人智を超えた現象を起こして人間を脅威にさらす。火山噴火にしろ地震にしろ、圧倒的な自然のパワーの前では、人の抗う力などは無に等しい。だが、それらが自分にも起こりうることとして認識し、つまりは自然に対して謙虚に向き合い、万一遭遇してしまったときにはどう対処すべきかを考えておくことは、決して無駄ではない。

その姿勢が、自然のなかでのリスクを回避するうえで必要不可欠なものであると、私は考える。

第3章　進化する遭難対策

長野県の新たな取り組み

国内の山で起きる遭難事故に関する統計は、警察庁がとりまとめて毎年六月に「山岳遭難の概況」として公表している。手元にある過去から現在までの統計を見てみると、それまでほぼ横這いだった遭難事故が、増加に転じはじめたのが一九九四（平成六）年からで、以降、多少の増減はあるものの、ほぼ右肩上がりで増え続けてきた（二二ページの図参照）。

ちなみに一九九四年は発生件数七七四件、遭難者数九六二人だったが、二〇二一（令和三）年はそれぞれ二六三五件、三〇七五人で、いずれも三倍以上に増えている。

遭難事故防止に努める関係機関・団体は、かねてより夏山シーズンやGWを中心に、最前線基地における山岳救助隊の常駐や山岳パトロール、登山口での登山者指導などを実施してきた。だが、事故の増加に歯止めはかからない。その状況に危機感を募らせたのか、この一〇年ほどの間には、従来にはない新たな事故防止対策がみられるようになってきた。

先駆となったのは、南・北・中央アルプスなどの中部山岳を抱える長野県だ。同県は二〇一三（平成二五）年三月一三日、マンガ『岳』（石塚真一）の主人公である島崎三歩を長野県山岳遭難防止対策協会（遭対協）の特別隊員に任命し、事故防止のPRキャラクターとして起用することを発表した。同年には、長野県内で発生した遭難事故事例の概要と、安全登山についての情報を提供する「島崎三歩の「山岳通信」」の配信を開始、現在も原則一週間ごとに最新情報を長野県のホームページにアップしている。

また、二〇一四（平成二六）年六月に公表されたのが「信州 山のグレーディング」である。これは、北アルプスをはじめ、南・中央アルプス、八ヶ岳、御嶽山など県内の主要登山ルートを、必要体力度レベルと難易度レベルで評価したもので、計画を立てる際に自分の体力・技術に合った山を選ぶ目安にしてもらうことを目的とする。

長野県が山のグレーディングを作成した背景には、体力の衰えを認識しない中高年登山者や、山の怖さを知らない初心者が、自分たちの力量をオーバーした「山選び」をしていることが、近年の大きな事故要因になっているという現実がある。たしかに最近の遭難事故のニュースを見ていると、「疲労で動けず救助を要請」といったケースがよく目につく。自分の体力・技術レベルを客観視できずに過大評価している人や、「行けばなんとかなるだろう」と思ってしまう人が少なくないのだろう。

おもな登山ルートを自治体が相対的に評価したのはおそらく初めての試みであるが、長野のモデルを参考に、秋田・山形・栃木・群馬・新潟・山梨・岐阜・静岡・富山の各県と四国の石鎚山系が、それぞれのグレーディングを導入している（二〇二二年八月現在）。

さらに長野県は、遭難の発生のおそれが高いと認められる県内指定山岳の登山道を通行する際に、登山計画書（登山届）の提出を義務づける「長野県登山安全条例」を制定し、二〇一六（平成二八）年七月一日から施行した。指定山岳は九エリアの一六八山で、登山の対象となっている人気の山はほぼ網羅されていると思っていい。ただし、条例によって登山計画書の提出が義務づけられはしたが、提出しなかったとしても罰則規定はない。

なお、長野県の条例に先立ち（一九六〇年代に制定された剱岳と谷川岳の条例は別にして）、二〇一四年四月一六日に「富山県立山室堂地区山岳スキー等安全指導要綱」、同年一二月一日に「岐阜県北アルプス地区及び活火山地区における山岳遭難の防止に関する条例」、二〇一五（平成二七）年六月一日には「新潟焼山における火山災害による遭難の防止に関する条例」が施行されている。

これらの条例が、いずれも登山計画書の提出を義務づけているのは、二〇一四年九月に御嶽山が噴火したときに、犠牲者の多くが計画書を提出しておらず、安否確認や捜索活動に支障が生じたことによる。このなかでは岐阜県の条例のみ、「登山届を提出せず登山した者や、虚偽の登山届を提出して登山した者には五万円以下の過料を科す」という罰則規定が設けられている。

長野県がこのころから、遭難事故防止のための新たな取り組みに力を入れるようになったのはなぜか。当時、長野県観光部山岳高原観光課に所属し、長野県山岳遭難防止対策協会（遭対協）の防止対策部長に就任して、山のグレーディングの策定などに尽力した原一樹は、フリーペーパー「山歩みち」(〇二二号)に掲載されたインタビュー記事のなかで、次のように答えている。

平成21年から25年にかけて、年間遭難件数が右肩で上がり続けたこと。その水準は20年前と比べて3倍であること。そして平成25年7月、宝剣岳で起きた韓国人パーティ20人の遭難事故をきっかけに、長野県としてそれまで以上に遭難対策に取り組む必要が生じたからです。

二〇一五年一月に開設のYouTubeの「長野県警察公式チャンネル」のなかでは、県内の山で起きた遭難事故や御嶽山が噴火したときの捜索・救助活動の様子、安全登山のためのノウハウ、空撮した主要山岳の状況、遭難事例に基づいた季節ごとの山のリスクなどの動画も配信されるようになった。

遭難事故の最前線のリアルな動画は、現場の緊迫感や救助活動の一部始終を疑似体験でき、一見の価値がある。同様の動画は、富山県警や山梨県警などもYouTube

で配信をはじめているので、チェックしてみるといい。

「登山届」のデジタル化

「登山届」（登山届と登山計画書は、同義語としてしばしば用いられるが、登山計画書を提出用に簡略化したものを登山届とする場合もある）は、条例によって提出を義務づけられているかいないかはさておいて、原則的には提出したほうがいい。なにかアクシデントが起きたときに、登山届が提出されていれば迅速に対応してもらえるからだ。遭難者の身元、登った山、たどったコース、日程などがわかれば、救助隊はすぐに捜索・救助活動に取りかかれるので、早期発見・救助が期待できる。逆にそれらが不明だと、確認をとるのに時間がかかって初動が遅れ、場合によっては助かる命も助からなくなってしまう。

登山届を作成するのは、計画が無理のないもので自分たちの力量に合っているかをチェックする意味もある。「まあどうにかなるだろう」といったアバウトな計画では、山行中に生じるかもしれないリスクには対処できない。客観的な目でしっかりした計画を立てることは、リスクマネジメントにもつながる。また、メンバー同士で山行に関する情報を共有するためにも、登山届は欠かせない。メンバーの個人情報をはじめ、コースや行程、エスケープルート、共同装備などの情報を共有することで、伝達漏れや思い込みによるトラブルを未然に防ぎ、計画をスムーズに遂行させられるようになるからだ。

その登山届の提出法は、登山口にある専用ポストに投函するか、山行前に管轄の警察署に郵送するかのいずれかだった。しかし今はインターネットの普及により、おもだった山域では、各警察本部のホームページからメールで提出できるところが増えている。登山届のフォーマットを用意しているところも多く、それに必要事項を記入して送信すれば受理される。

二〇一三年からは、日本山岳ガイド協会による新たな登山届受理システム「コンパス」の運用も開始された。これは、コンパスのホームページ上で作成・提出した登山届を、家族や友人、警察などと共有するサービスで、予定日時を過ぎても下山していない場合、登録しておいた緊急連絡先に連絡がいく仕組みになっている。コンパスと連携をとっている警察や自治体も多く、事故発生時には素早く捜索・救助に取りかかれる。

ただし、コンパスを活用するには、そのシステムについて家族や友人たちにきちんと説明しておく必要がある。コンパスを使っていた登山者が山で遭難し、緊急連絡先に登録してあった家族に連絡がいったはいいが、携帯電話に登録した人以外からの着信を拒否していたため、遭難していることが伝わらなかったというケースも過去にあった。

また、登山コミュニティサイトの「ヤマレコ」もコンパスと提携しており、ヤマレコのホームページの機能を使って作成した登山計画を、登山届としてコンパスに提出することができる。登山地図アプリの「ＹＡＭＡＰ」も登山計画を作成する機能を備えており、ＹＡＭＡＰを開発・運営する株式会社「ヤマップ」と協定を結んだ自治体（二〇二二年八月時点で八府県）には、登山届として提出することが可能だ。

このように、近年はインターネットを使って登山届を提出できるシステムが整いつつあり、以前と比べると利便性はかなりよくなった。登山届の管理のしやすさ、個人情報保護などの点からも、警察や自治体はインターネットを介した提出を奨励している。

では、今はインターネットによる提出が主流になっているのかというと、実はそうでもない。条例により登山届の提出を義務づけた長野県の指定山域の場合、二〇二一年度の届出状況は、インターネットによるものが最多の五五・七パーセントを占めるが、登山ポストに提出されたものも四三・七パーセントもある。さすがに郵送・持参によるものは少なく〇・三パーセントで、ファックスによるものも同じく〇・三パーセントとなっている。

インターネットが広く浸透しているなかで、いまだ登山ポストを使っている登山者が多いのはちょっと意外に思えるが、中高年登山者のなかには、従来からある登山ポストのほうが違和感なく提出できるという人も少なくないのだろう。

ただ、もう七、八年ほど前の話になるが、登山ポストに登山届を出した女性登山者が、ポストから届けを抜き取られて個人情報が漏れ、ストーカー被害に遭ったという体験談が、ヤマレコにアップされたことがあった。登山ポストにはそのようなリスクがあることも頭に入れておいたほうがいい。

登山届の絡みでもうひとつ知っておきたいのは、前出のコンパスやヤマレコ、YAMAPなどを使って山行計画を作成する際の注意点だ。これらのサイトでは、画面に表示された地図上のポイントをクリックしていくだけで、登山計画が自動的にできあがってしまう。歩行距離や所要時間なども、自分で計算せずとも即座に画面に表示される。それはそれで非常に手軽で便利なのだが、簡単に登山計画ができてしまうので、コースをよく吟味しないという問題も起こりうる。

以前、北アルプス南部地区山岳遭難防止対策協会救助隊の山田直隊長に話をうかがったとき、次のようなことをいっていた。

「登山でいちばん大事なのは、自分でしっかり調べて机上登山を行い、登山計画書をつくってから山に行くこと。ウェブ上で作成できる登山届は、非常に安易に計画が立てられちゃうのでマズいと思う」

たしかに一理ある。地図上のポイントをクリックするだけでは、地図から読み取れるさまざまな情報（地形、高低差、距離、植生など）は、なかなか頭に入ってこない。そうやって作成・提出した登山届は、形骸化してしまっているおそれもある。

遭難事故を報じる昨今の新聞記事には、「なお、登山届は出されていなかった」といったお決まりの一文が付け加えられ、そのことだけで遭難者に落ち度があったような印象を読者に与えている。しかし、登山届を形だけ提出しても、その意味をしっかりと理解していなければ、提出しないのと同じではないだろうか。

「登山届を出すことによって安全が担保されるわけではない。時代がいくら便利になっても、山の険しさは変わらない。だから安易に登山計画を立ててしまうのではなく、基本に立ち返って、登山届を出す意義というものを考える必要がある」

とも山田隊長は述べている。

登山届は提出すればいい、というものではない。

登山のコミュニティサイト

インターネットの普及は、登山情報の収集手段にも大きな変化をもたらした。かっては山岳雑誌やガイドブック、地図などの紙媒体がおもな情報源となっていたが、今やネットに接続すれば膨大な量の情報にアクセスできるようになっている。

インターネットが普及しはじめたのは、「Windows 95」が発売された一九九五(平成七)年ごろからで、それ以前は「NIFTY-Serve」に代表されるパソコン通信による、テキストを主体とした情報交換が行われていた。登山に関するフォーラムやコミュニティに登録してやり取りしていたのも、今は昔の話である。

パソコン通信に代わってインターネットが広く普及するにつれ、官公庁や企業などによる情報提供がはじまり、山小屋がホームページを開設したり、登山を趣味とする個人がブログを立ち上げるなどして、山に関する情報もインターネットで入手できるようになっていく。

そして二〇〇五(平成一七)年一〇月に、先に述べた登山コミュニティサイト「ヤマレコ」が開設され、二〇一三年には前出の登山地図アプリ「YAMAP」がリリースされたことで、登山者にとってのインターネットの利用価値が大きく変貌した(YAMAPは、コースタイム入りの登山地図を無料でスマホにダウンロードして使用するというのがおもな機能であったが、PC版YAMAPサイトのSNS機能との連携により、コミュニティサイトとしての評価も高まった。逆にヤマレコは、YAMAPが登場したあとに地図アプリをリリースしている)。

それまでは、個人の山行記録をインターネットで公開するとなると、ブログを開設しなければならなかったが、この二つのサービス開始により、誰でも簡単に自分の記録を投稿・公開できるようになった。また、その記録は、見る者にとっては容易に入手できる現地の最新情報となった。

たとえば、槍ヶ岳に登ろうとしている人が、ヤマレコなりYAMAPなりの投稿を検索すれば、個人が投稿した直近の山行記録がいくつもヒットする。それらにひととおり目を通せば、登山道の状況をはじめアプローチの交通機関、登山口の駐車場、ルート上の危険箇所、ビューポイント、花の開花状況、山小屋やテント場の混み具合など、さまざまな最新情報が簡単に入手できるというわけだ。

一個人が、情報の発信も入手も容易にできるという点において、登山コミュニティサイトは画期的なサービスであった。しかも、情報発信の即時性は、従来の紙媒体では実現できなかった、インターネットならではの特権であった。

登山者同士がネット上で情報を共有し、現地の最新情報を入手できる登山コミュニティサイトが、遭難事故防止に役立っていることは間違いない。だが、情報の信憑性については疑問視される側面もあり、それが遭難事故を誘発する要因になりうることを考えると、諸刃の剣といえなくもない。

というのも、ヤマレコやYAMAPなどにアップされる山行記録（個人のブログも同様だが）は、あくまで個人が発信する情報であり、多かれ少なかれ主観が入り込んでいるからだ。たとえば、同じ山に登るにしても、時期や天候、体力や技術、コンディション、経験値、年齢などによって、印象はまったく違ってくる。同じ山でも、ある人にとってはなんの問題もなく楽勝で登れたとしても、別の人には行程が長く疲労困憊してしまったかもしれない。

個人がネットにアップするこうした情報に対し、ガイドブックや山岳雑誌などのコースガイドは、書き手の主観が極力排除されている。書き手はコースの状況を客観的な目で見て正確に伝えようとしているので、読者によって捉え方がまったく違っていたというようなことは起こりにくい。ただし、コースの状況が変わってもすぐには修正できないので、古い情報を流し続けてしまうという欠点もある。

また、人と人との社会的な交流の場をインターネット上で提供する会員制のサービスを「SNS（ソーシャルネットワーキングサービス）」と呼ぶが、SNSの投稿には、程度の差こそあれ、根底には〝自慢〟がある。そこが承認欲求を満たす場になっていることは、多く指摘されているとおりで、登山コミュニティサイトの投稿にも、「聞いて聞いて、先日、この山に登ってきたんだよ。すっごくよかったよ。どう？　いいでしょ」みたいな認知願望が見え隠れする。

たとえば二〇一五年、一泊二日の予定で四月一一日に真教寺尾根から八ヶ岳の赤岳を目指した六三歳の男性単独行者が、帰宅予定日を過ぎても帰らず、雪解けの進んだ五月三〇日になって遺体が発見されるという遭難事故があった。

生前、この男性はヤマレコに山行記録を頻繁に投稿していた。記録を見るかぎり単独行がほとんどで、しかも夜から登りはじめる夜間登山の実践者だった。ただ、得々として投稿される記録のなかには、技術的・体力的に非常に危なっかしく感じられる山行も少なくなかった。ネット上でつながっている男性の友達は、それを危惧して注意するのではなく、ほとんどの者が「すごいですね」と褒め称えた。そのことがますます男性を無謀な登山へと駆り立てていったことは想像に難くない。最終的には、エスカレートする承認欲求が自分自身を死に追いやることになってしまったケースだった。

これは極端なケースかもしれないが、いろいろな意味で危うさを感じる投稿は散見される。投稿を続けるうちに自分の力量を客観視できなくなり、暴走を始めてしまうのだろうか。

というわけで、登山コミュニティサイトに投稿される山行記録を鵜呑みにするのは危険である。それは個人の主観で書かれたものであり、内容が〝盛られている〟可能性もある。チェックするのなら、一〇〇パーセント信じるのではなく、参考程度にとどめるのが無難だろう。

ビッグデータを活用した事故防止対策

さて、サービスの提供が開始されて以来、ヤマレコやYAMAPのサーバーには、アプリの利用者や山行記録の投稿者による膨大な数のGPSログ（歩いた軌跡のデータ）が蓄積されてきた。このような、既存の一般的なデータ管理システムなどでは扱うことが困難な、複雑で巨大なデータベースを「ビッグデータ」というそうだ。

登山者にはお馴染みの、二万五〇〇〇分の一地形図などを発行している国土地理院は、このビッグデータに着目し、二〇一七（平成二九）年一二月、ヤマレコやヤマップと「登山道情報に関する協力協定」を締結した。これは、ヤマレコとヤマップからGPS情報の提供を受け、現実とはズレや誤りがある地図上の情報を修正しようというもので、二〇一八（平成三〇）年から順次修正を行い、現在も継続されている。

ヤマレコでは、ホームページで蓄積されたGPS情報を公開しており、登山者がたどった軌跡を地図上で確認できる。軌跡はオレンジ色の点線で表記されているが、一般登山道上は多くの人が通っているので、太いオレンジ色のラインとなっている。これに対してあまり人が入らないバリエーションルートや沢登りのルートは点線のままか線が細い。明らかにルートではないところにオレンジ色の点がポツポツと散らばっている場合は、そのあたりで登山者が道に迷っている可能性が高い。つまり、山行前にこの地図をチェックしておけば、事前に道に迷いやすいポイントがわかるわけで、こんなありがたい機能を利用しない手はない。

また、ヤマップは二〇二一年八月、ビッグデータをもとに「日本一道迷いしやすい登山道」として、日本全国五箇所を抽出・発表した。そのなかのひとつ、神奈川県と山梨県の県境に位置する西丹沢・大界木山の道迷い多発地点には標識が設置され、その後、道迷いはゼロになったという。ちなみに翌年に発表された「日本一道迷いしやすい登山道２０２２」では、次の五地点がピックアップされた。

1位　岐阜／各務原《かかみがはら》アルプス・権現山〜桐谷坂《きりやざか》峠

2位　埼玉／飯能アルプス・天覚山《てんかくさん》〜吾野《あがの》ノ頭

3位　埼玉／飯能アルプス・子ノ権現～六ッ石ノ頭
4位　滋賀・三重／御在所岳武平《ぶへい》峠近く
5位　埼玉／飯能アルプス・高畑山～中ノ沢ノ頭

目を引くのは、全国五地点のなかに、埼玉の飯能アルプスから三地点が選ばれていることだ。飯能アルプスは、標高一〇〇〇メートルに満たない低山が連なっており、人里に隣接しているため作業道なども入り組んでいて、たしかに迷いやすいエリアかもしれない。また、首都圏からアクセスがよく、登山者が多いことも一因になっているとヤマップは分析している。

新ナビゲーションツール、地図アプリ

ヤマレコやYAMAPを利用すれば、登ろうとする山の情報収集から登山計画書の作成、登山届の提出、地図アプリを使った実際の登山、そして下山後の記録整理と公開までの作業を、一貫した流れで管理することができる。若い登山者にとって

は、あって当たり前なのかもしれないが、このようなサービスが提供されるようになるなんて、かつては想像もつかなかったことだ。

ヤマレコやヤマップが提供するサービスのなかでも、とくに利用価値が高いのはやはり地図アプリだろう。地図アプリは、この二つだけではなく、「Geographica」や「山と高原地図」などもリリースされており、ユーザーの選択肢はいくつかある。

登山用の地図アプリは、GPS機能が備わったスマホに地図を表示するアプリで、現在地を容易に知ることができるのが最大の特徴だ。同じ機能を備えたナビゲーションツールとしては、以前からハンディGPSがある。人工衛星からの電波信号を受信することによって、正確な現在位置を知ることができるこのツールは、道迷いが頻繁に起こりうる登山において必須のアイテムになるものだった。しかし、案に相違して、一般登山者へのハンディGPSの普及率はイマイチだったように思う。唯一、携行率が高いのは、よりシビアなルートファインディングが要求されるバックカントリー愛好者ぐらいではないだろうか。

ハンディGPSがあまり登山者に浸透しなかった理由は、いろいろ考えられる。

たとえば高価であること（エントリーモデルで二万〜三万円、上位機種は一〇万円以上）、操作が複雑なので精密デジタル機器に不慣れな中高年層には敷居が高いこと、液晶画面が小さく見づらいことなどが挙げられる。そうしたデメリットを解消したのが、地図アプリであった。

地図アプリが登山者に受け入れられたのは、すでにスマホが広まっていて多くの人が所有していたことが大きい。ハンディGPSとは違って、新たな専用のガジェット（小道具）を購入する必要はなく、すでに持っている通信機器にアプリをダウンロードするだけで使えるという敷居の低さは、なにより魅力的だった。しかも、使用料金は無料もしくは数百円〜一〇〇〇円程度と安価だから、導入に二の足を踏むこともない。基本的な機能は容易な操作で使えるという点も好評だった。

登山でナビゲーションツールを使ういちばんの目的は、「現在地を知る」ことだろう。現在地が確認できれば、進むべき方向はおのずとわかる。たとえ道に迷ったとしても、現在地さえわかれば脱出も容易だ。実際に使ってみればわかるが、アプリを立ち上げて地図を表示させれば、現在地が一目瞭然なのだから、その性能には感動すら覚える。

しかし紙の地図だと、なかなかそうはいかない。山頂など明らかに特定できる場所は別にして、なんの特徴もない地形のなかでは、「だいたいこのあたりだろう」という予想はついても、ピンポイントで現在地を特定することは難しい。

とくに、道に迷って山中を彷徨《さまよ》い、いったいどのあたりにいるのかまったくわからなくなってしまった場合、紙の地図とコンパスを持っていても、おそらくなんの役にも立たない。だが、地図アプリがあれば、すぐに現在地がわかる。あとはアプリを頼りに正規のルートにもどればいいだけだ。

地図アプリのウィークポイント

ただし、地図アプリにも弱点はある。その最たるものがバッテリー切れだ。どんなに便利で優れた機能を搭載していても、スマホのバッテリーが切れてしまえば無用の長物にすぎない。携帯用の充電器や予備のバッテリーは必携である。

また、機種にもよるが、バッテリーが切れていなくても、スマホは寒さに弱い。

以前、私は、バックカントリースキーを楽しんで山から下りてきたとき、あともうちょっとで山麓に下りられるという油断から、ルートをショートカットしようとして小さな沢に迷い込んでしまった。しかも先行する仲間と距離が開いていたので、完全に離れ離れになってしまったのである。

そこですぐにスマホを取り出して地図アプリを見ようとしたのだが、低温によってバッテリー性能が低下していたため、スマホ自体の電源が入らない。もちろん現在地はわからないし、仲間と連絡をとることもできない。このときは下りてきた沢を登り返して、なんとかことなきを得たが、冬山では地図アプリを頼りにしてはいけないという教訓を得た出来事であった（これは連絡手段としてのスマホ本体の問題でもある。寒冷下でスマホの電源が入らないと、非常時に救助要請ができなくなる。そうならないよう、冬山ではスマホを冷やさないようにする工夫が必要だ）。

もうひとつのウィークポイントは、表示される地図の範囲はスマホの液晶画面の大きさに制限され、一度に目視できる範囲が狭いという点だ。このため、かぎられたエリアをフォーカスして地形を細かく見たりするのには役立つが、紙の地図のように広い範囲を一度に目視することはできない。遠望できる山と地図を見比べてみて山座同定《さんざどうてい》（見える山と地図を照合して山の名前を確認すること）をしたり、地図から全行程をイメージしたりするのは、圧倒的に紙の地図のほうが有利だ。

こうしたことを考えると、登山のナビゲーションツールは、地図アプリか紙の地図か二者択一するのではなく、よくいわれるように両者を併用するのが望ましい。地図アプリは、冬山以外で行動中にメインで使用し、紙の地図は地図アプリを補完するものとして用いればいいと思う（計画時に全行程をチェックするときや、冬山では、地図アプリよりも紙の地図のほうが役に立つ）。

紙の地図を山で使いこなすには、基本的な知識が必要となるので、事前にしっかり学んでおくことだ。それは地図アプリも変わらない。いくら操作しやすいといっても、うろ覚えの使い方ではその機能を充分に活かすことはできない。

実際、こんな事例もある。二〇二〇（令和二）年五月二四日、七〇歳の夫と六六歳の妻が、能郷白山の東側、岐阜・福井県境近くにある左門岳で道に迷うという遭難事故が起きた。下山時にルートを誤り、まったく逆方向へと下っていった二人は、途中で間違いに気づいたものの、現在地がわからず、そのまま沢を下っていってしまった。しかし、とうとう大きな滝に行き当たって万事休すとなり、その場でビバークしながら救助を待った。そして遭難して四日目の二八日、捜索のヘリが二人を発見し、無事、救助されたのだった。

左門岳に登る数日前、「なにかのときに役に立つかな」と思い、妻は自分のスマホにYAMAPのアプリをダウンロードしていた。YAMAPには、登山中に自分の位置情報を定期的にYAMAPのサーバーに送信し、それを事前に登録しておいた家族や友人が確認することができる「みまもり機能」というものがある。

だが、妻はアプリの操作方法がまったくわかっておらず、みまもり機能のことも知らなかったし、もちろん非常時の連絡先も登録していなかった。ただ幸いだったのは、彼女のスマホにYAMAPのアプリがダウンロードされていることを次男が知っていたこと、そして二人が入山したときにたまたま、みまもり機能がオンになっていたことだ。もし、その偶然がなければ、二人は助かっていなかったかもしれない。

次男は両親が山で行方不明となり、アドバイスを受けてヤマップに連絡を入れ、情報提供を求めた。しかし、適切なアプリの操作がなされていなかったので、GPSログ（記録）はなかなか見つからなかった。それでもヤマップのスタッフが諦めずに検索を続けた結果、断続的に七件の位置情報がサーバーに記録されていることが判明した。その位置情報をもとに改めて警察が捜索を行い、発見に至ったのである。

両親が無事、助けられたことを受け、次男は次のように語っていた。

「今、登山者の多くは高齢者ですが、そのほとんどの人は登山アプリを使いこなしていないし、山の最新情報も入手できていません。だから家族ら周囲の者が、アプリの使い方や情報収集の手段などを教えてあげることが必要だと思いました」

警察庁の「山岳遭難の概況」によると、道迷いが最多遭難事故の要因となって久しい。それをどうにかしたいという思いから開発されたのが地図アプリだ。アプリによっては、予定ルートを外れたときに警告してくれるアラート機能を備えたものもある。極端な話、この新しいナビゲーションツールを使えば、道に迷いようがないとさえ思う。だが、道迷い遭難はなくならない。繰り返すが、地図アプリは、ダウンロードしてあっても、使い方がわからなければ宝の持ち腐れである。その使い方を知っていれば、防げる遭難事故、助かる命は少なくないはずである。

これまで取材してきたなかでありがちだったのは、地図をダウンロードしていなかったというケースだ。地図アプリは携帯の電波が届かない場所でも使えるし、機内モードにしていても作動する。ただし、そのためには登る山の地図を事前にダウンロードしておく必要がある。そうしないと、スマホに地図が表示されない。それを知らず、地図アプリさえダウンロードしておけばいいのだろうと思い込んでいる人が少なからずいた。

また、地図アプリにしろハンディGPSにしろ、現在地は地図上に表示されるので、最低限の地図の見方がわからなければお話にならない。ナビゲーションツールを使いこなすうえでも、ベースには地図の見方の知識が必要となることを心得ておきたい。

遭難救助に役立った登山コミュニティサイトとSNS

ヤマレコやYAMAPは、地図アプリと連携もできる登山コミュニティサイトとしての機能も充実させている。サイトでは前述したように山の最新情報がチェックできるほか、同じ志向の山仲間を探すのに利用している人も少なくない。このような交流の場としての機能が、遭難者の救助に役立ったケースもある。

四四歳の男性が、単独で鈴鹿山脈の御池岳に入山したのは二〇一二年七月一六日のことだった。日帰りの予定だったが、行動開始の時間が遅かったため山頂までたどり着けず、途中から登りとは違うルートで下山することにした。しかし、下っている最中に道に迷ってしまい、以降七日間にわたって、山中を彷徨い歩くことになる。その間に体は衰弱し、激しい幻覚や幻聴に襲われた。いよいよ自力で動くこともできなくなった七日目の二二日、男性を捜索していた救助隊に発見され、九死に一生を得たのだった。

この救助隊のメンバーたちが、ヤマレコを通して知り合った仲間だった。男性は自分の山行記録をヤマレコにアップし、それを見たほかのユーザーとのやり取りを通して、何人かの親しい山仲間ができていた。彼らは、男性が御池岳に登ることを事前に知らされていた。しかし、数日経ってもヤマレコに男性の記録が投稿されなかったので、不審に思った山仲間らが独自に捜索をはじめ、地元の山岳団体の協力も得て、間一髪のところで発見したのであった。

ヤマレコやYAMAPだけではなく、SNSでも、山好きのユーザーが個人で発信したりグループを形成したりして、情報交換や交流を行っている。また、SNSを積極的に活用して、遭難事故防止に役立つ情報を発信する関係機関も現れはじめた。長野県警や富山県警、山梨県警、静岡県警などはツイッターで山岳情報を随時流しており、日本雪崩ネットワークも主要山岳エリアの雪崩の危険度と傾向を示した雪崩情報をツイッターやフェイスブックで、シーズン中には毎日発信している。

さらにいうなら、SNSを使って救助を要請したという例もある。二〇一四年四月一二日、単独行の五五歳男性が二口山塊の宮城県大東岳を登山中に滑落するという事故が起きた。行動不能に陥った男性はその場でビバークの態勢に入り、携帯電話でフェイスブックに以下の投稿をした。電話で直接、救助要請をしなかったのは、電波状況が不安定でつながらなかったからだ。

〈宮城県大東岳付近で20ｍ程滑落してしまい、その場で緊急ビバーク。沢に頭から落ち、腰と足をやられてしまい身動き出来ません。ツェルトの中で震えています。明日まで堪えて快復しない様でしたら、恥ずかしながら救援依頼します。北緯38.17.14.4東経140.30.49.9〉

これを読んだ男性の知人が警察に通報し、その日のうちに消防ヘリが出動して男性を発見・救助した。救助されるまでの間には、国内外の知人から心配や励ましのコメントが数十件寄せられたという。その後、男性は「皆様にはご心配をかけました」として、経過報告のコメントをフェイスブックに寄せている。

また、ＳＮＳが直接、救助に役立ったわけではないが、二〇一一（平成二三）年五月二九日、単独で遍路をしていた三八歳女性が、石鎚山の中腹にある第六〇番札所の横峰寺を目指している途中で道に迷い、ツイッターに〈やばい迷った森、横峰寺途中で３・６㎞までいきそのあと網（綱）付山蛍光ピンクのテープときれたすいません〉と呟いた。その後、女性は電話で救助を要請し、翌朝、県警ヘリによって発見・救助されたが、遭難中に〈ごめんなさい森で救助まち〉〈綱付峠のふだの結構先あたりで歩行不可〉などと状況を呟き続けたことが話題となった。

今や遭難者が現場から実況をSNSで発信する時代なのだ。

ただし、このやり方はいかがなものかと思う。救助を要請するならば、第三者を介さずに、遭難者と救助関係者が電話で直接やり取りするのがベストである。電話が通じない場合は、信頼できる家族または山仲間にメールでの通報を試みるのが次善の策だろう。メールの場合、一瞬でも電波状態がよくなったときに送信されることもあるからだ。SNSへの投稿も同様だが、SNSは不特定多数の者がコメントをつけられるので、情報が拡散・錯綜して救助関係者を混乱させるおそれがある。原則的にはやらないほうがいい。

登山コミュニティサイト、SNSで山仲間を探す

登山コミュニティサイトやSNSの大きな利用価値として見逃せないのが、いっ

しょに山に行く仲間を見つける場になりうるという点である。登山者の多くが山岳会に所属していた昔と違い、今の登山者の大半はどこにも所属していない未組織登山者だといわれている。そんな彼らにとって切実な問題となっているのが、いっしょに山に行く仲間をどうやって探すかということだ。

登山に興味を持ち、これからはじめたいと思っている未組織登山者が山仲間を探すには、講習会やツアー登山に参加するなど、いくつかの方法があるが、近年は登山コミュニティサイトやＳＮＳを活用している人も多い。つまり、ネット上の交流の場で、自分と同じ志向の登山を実践している人や気の合いそうな人を探し、何度かやり取りをしたのちにいっしょに山へ行くというわけである。

登山をはじめて間もない三〇代女性の場合、居住地に近い低山にひとりで登った記録をフェイスブックに投稿していたところ、声を掛けてくれた女性がおり、以来、意気投合して二人で行くようになった。彼女は山の経験が豊富で、リードしてくれるような形で初めて北アルプスにも登ることができた。その彼女とは、今でもときどきいっしょに山に行くことがあり、「自分ひとりでは低山より高い山にはなかなか行けませんでしたが、彼女のおかげでどんどんレベルアップしていけました」と、フェイスブックでの出会いを感謝している。

やはりフェイスブックを利用している四〇代男性も、SNSを見て山仲間を探したという。

「フェイスブックなどで山の投稿を見れば、その人の人となりや、おおよその力量がわかります。山仲間になるかならないかはそのあたりで判断しますね。そこから始まって、友達から友達へとつながって徐々に仲間が広がっていきました。逆に出会った山仲間も、私の力量を見たうえで、段階を踏んで山に誘ってくれました。無責任に『大丈夫、大丈夫。あなたでも登れるよ』みたいな感じではなかったので。そういう意味では、いい山仲間に出会えたと思っています」

登山コミュニティサイトやSNSを使えば、不特定多数の同好の士とつながることができ、そのなかから気の合いそうな人を探せるので、たしかに効率的で手っ取り早い。

山岳会や登山サークルに入ったり、講習会や登山ツアーに参加したりして探そうとしても、こうはいかない。時間もお金もかかるし、出会える人もごくかぎられるので、気の合う人が見つかるかどうかもわからない。ただ、初めから実際に会って話をしたり、いっしょに山に行ったりできるのは強みである。リアルに接することで、その人の人柄や山の力量などを自分の目で確かめられるからだ。

その点、最初はネット上でのやり取りとなる登山コミュニティサイトやSNSでは、その人の投稿やコメントなどから、山の実力や人柄を推測するしかない。実際に会っていっしょに山に行ってみたら、想像とはまったく違っていたという話もよく聞く。「登山経験が豊富なベテランのように思えたのに、初心者同然だった」「山にはほとんど登れない、ただの山道具オタクだった」「山の行き帰りに車に乗せてもらうのが目的だった」「登山中にやたらボディタッチをしてきて気持ち悪かった」といったような話は、あちこちで耳にする。

SNS登山での遭難

それでも不愉快な思いをしただけで済めばいいが、ネットで知り合った者同士で山に行って遭難してしまったというケースも散見される。

二〇〇八（平成二〇）年一月二〇日、中央アルプス・宝剣岳の山頂付近の稜線で、下山していた三人パーティのうち二人が木曽側へ滑落し、行方不明になるという事故が起きた。事故発生時は雪が降っていて視界が悪く、二人はアンザイレンしていたが、二九歳の女性が足を滑らせ、三二歳の男性がそれを止められずにいっしょに滑落したという。事故に巻き込まれなかったもうひとりは男性の妻で、彼女が下山して救助を要請した。

滑落した二人は二日後の二二日、稜線の五〇〇メートル下で捜索のヘリによって発見・救助されたが、いずれも死亡が確認された。二人はヘルメットを被っておらず、死因は脳挫傷であった。

この三人パーティは、夫婦がネット上で同行者の募集を呼びかけ、亡くなった女性がそれに応じて組まれたものだった。女性のほうは、雪山の経験があまりない初心者だったという。

夫婦が「Yahoo! 掲示板」に投稿したメッセージは次のとおり。

〈雪山とクライミング（フリー＆アルパイン）を夫婦でやっています。30代前半と20代後半の夫婦です。

雪山やクライミングをやってみたいけど、どうすればいいかと迷っている方や、山岳会はちょっと敷居が高いと考えている方など、はじめの一歩が踏み出せずに居る方！……。

ぜひ、ご一緒いたしましょう！〉

〈雪の西穂や八ヶ岳の赤岳などご案内できます。

また、バリエーションルートもＯＫです。

たとえば、赤岳主稜など……。

事前のトレーニングをするので、安心してご参加頂けます。

当然、費用は一切無料です！

講習は、人工壁や岩場のゲレンデ、雪山は簡単な雪上講習を行いますので、安心です。

ぜひ、ご参加頂ける方をお待ちしています。ご連絡下さい！〉

掲示板の投稿のやり取りを見ると、この夫婦は山岳ガイドの資格を持っていたわけではなく、「自分には多少なりとも経験があるので、よろしければ無料でご案内しますよ」というつもりだったようだ。男性自身、掲示板には「あくまでも上達したい『仲間』の集まりを作ってみてはどうか?」「色々な方に技術伝授をするということは、自身にとっても凄く身になることだと思っています。勉強できますし、基本を忘れない……」「一個人として『山仲間募集』という形態にしました」と書き込んでいる。

今のように登山コミュニティサイトやSNSが一般的ではなかった時代だから、このような形で山仲間を募集することの是非について論争が巻き起こり、掲示板は荒れ模様となった。事故が起きて当事者が亡くなったことが明らかになったのちも、肯定派と否定派のさまざまな意見が飛び交った。

また、事故を伝える一月二三日付の「信濃毎日新聞」には、次のような記述がある。

冬の宝剣岳は「初心者には難しい」とされており、お互いの力量を十分把握しない関係のまま臨んだことと合わせ、山岳関係者からは「安全意識が十分だったのか」との声も出ている。（中略）

冬山訓練で宝剣岳を使った経験のある地元遭対協の会員（73）は「稜線は言うに及ばず急斜面で、足を少し滑らせただけで谷底に転落する難所が多い。初心者には難しい」と説明。「もし初心者から一緒に登ってほしいと言われたら、断る」と話す。

比較的最近の事例では、二〇一八年三月二一日に奥多摩の三頭山《みとう》で起きた事故が記憶に新しい。これは、一〇〜四〇代の一三人（男性六人、女性七人）のパーティが三頭山からヌカザス山へ向かう途中、「雪で下山できなくなった」として、午後七時四五分ごろ、一一九番通報で救助を要請してきたものだった。この日の多摩西部には、三月としては三二年ぶりの大雪警報が発令されていた。

東京消防庁の救急隊と警視庁の山岳救助隊はただちに現場へと向かい、二二日の午前〇時半ごろ一三人と合流し、夜通しかけて救助を行った。一三人のうち六人は、午前六時四〇分ごろ、救助隊とともに自力で下山し、残る七人も昼前までに全員がヘリで救助された。遭難者のなかには、骨盤骨折や頭部打撲などの重傷を負っている者や、低体温症や脱水症状に陥っている者もいた。

一三人は、中国人の間で普及しているSNSで仲間を募ったもので、うち一〇人が中国人で日本人は三人だった。登山経験のある者は五人だけで、登山靴を履いていた者は数人しかおらず、ほとんどの者はスニーカー履きで軽装だった。

登山を開始した二一日の朝の時点で、すでに雪は降りはじめていたが、リーダー格の男性は「これぐらいなら大丈夫だろう」と判断して計画を続行、登山中は「危ないかも」と感じたものの、先頭の者が先へ進むのを止められなかったという。

このほか、二〇二一年五月三日に槍ヶ岳で起きた事故（五二ページ参照）の遭難者三人も、登山を趣味とする人たちが利用するウェブサイトで知り合ったとのことだが、詳細は不明である。

山仲間を探す手段として登山コミュニティサイトやSNSが活用され、気の合う仲間が見つかっていっしょに登山を楽しめるようになっているのはすばらしいことだと思う。ただ、初対面の者同士がいきなり集まって山に登るということについては、どうしても抵抗を感じてしまう。

集まった人たちがどんな性格をしていて、登山の力量がどの程度なのかもわからずに、パーティを組んで山に登ることに不安を感じないのだろうか。メンバーの足並みはそろうのか、苦手なタイプの人がいるんじゃないか、なにかアクシデントが起きたときにはどう対処するのだろうか、もしかしたら自分が足手まといになってしまうのではないか……、などと考えると、リスクだらけじゃないかと思ってしまうのだ。

それが現実となったのが、前に挙げたような事例である。救助関係者からは、ネットで知り合った者同士が山に行って事故を起こしたときに、遭難者の名前や連絡先をほかのメンバーは誰も知らなかった（SNSで使っているニックネームで呼び合うため）という話も聞いたことがある。登山は二の次で、異性との出会いを目的の第一とする参加者もいるという話もよく耳にする。

とはいえ、今は登山コミュニティサイトやSNSだけでなく、登山者のマッチングサービスのウェブサイトが開設されているぐらいである。そこで会員登録をすれば、誰でも自由に山行計画を立てて同行者を募集できるし、ほかの人が募集しているのに参加することもできる。

それでもやはり、このような形態だからこそそのリスクは存在するはずであり、それに対する備えは頭の片隅に入れておいたほうがいいだろう。

民間救助隊の可能性

これまでは、おもに遭難事故に備える新たな取り組みについてみてきたが、遭難者を捜索・救助するための新しい流れについても触れておきたい。

山で遭難事故が起きたときに、現場へ出動して救助活動を行うのは、おもに警察や消防の救助隊員である。事故が多発する山域を抱える警察や消防内には、山岳救助隊が組織されていて、山岳地における遭難救助の訓練を積んだ隊員（警察官や消防隊員）が現場へと向かう。救助隊が組織されていないエリアでの遭難事故の場合は、一般の警察官や消防隊員が出動することになる。

また、今日の山岳遭難救助はヘリコプターレスキューが中心となっているが、その役割を担っているのも県警ヘリや消防防災ヘリだ。中部山岳エリアでは、民間ヘリが活躍していた時代もあったが、山岳地のフライトには大きなリスクが伴うので、今は山岳遭難救助のために民間ヘリが飛ぶことはほとんどない。

このように、今日の山岳遭難救助は警察と消防の二つの公的機関が主体となって行われるが、エリアによっては地元の有志によって「山岳遭難防止対策協会（遭対協）」という民間の団体が組織されていたり、山小屋のスタッフらが民間救助隊員として任命されていたりする。彼らは公的機関の救助隊員の活動をサポートし、いっしょに協力し合って遭難者の救助にあたる。こうした民間救助隊員が組織されていない地域では、地元の消防団などが出動することもある。

遭難者の救助に要する時間は、救助隊員が歩いて現場へ向かい、遭難者を背負って下ろしていた時代に比べると、飛躍的に短縮された。転倒、転滑落、落石など現場が特定されている事故なら、条件さえよければヘリが出動していって、事故発生から数時間以内で遭難者を救助して病院へ搬送できる。道迷い遭難にしても、たどるルートを記した登山計画書が残されていれば、早期発見・救助が可能だ。ヘリの機動力と救助隊員の技術向上のおかげで、救助活動は迅速にできるようになり、遭難者の救命率も格段に上がった。

ただし、足取りがわからないまま登山者が行方不明になるなどして、どうしても発見できない場合、公的機関による捜索・救助活動は、通常二、三日、長くても一週間程度で打ち切られる。打ち切りを決める判断基準は、「可能性のある場所はすべて捜索したが発見できなかった」「捜索範囲が広すぎる」「雪崩などの危険があり現場に近づけない」「積雪により手掛かりが埋もれてしまった」など、ケースバイケースだ。警察や消防の仕事は実に多忙であり、山岳遭難救助だけに携わっているわけにはいかないので、その判断もやむをえまい。

捜索打ち切り後は、捜索を兼ねた訓練を現場付近で行ったり、ヘリの出動時に現場付近をフライトするなどして、引き続き発見に努める。あるいは、雪解けを待つなどして、現場の状況がよくなったところに捜索が再開されることもある。

それでも見つからなければ、もう諦めるしかないのだが、生死がはっきり確認されていないのだから、残された家族としてはそう簡単に割り切れるものではない。たとえ亡くなっていたとしても、自分たちのもとに帰ってきてほしいというのが家族の思いだ。だが、現実的に捜し出す手立てがない。そこで生まれたのが、遭難者の捜索に特化した民間救助隊である。

同じ民間救助隊でも、前述の遭対協は、おもに事故発生直後の公的機関による第一次捜索・救助に協力する形で活動するが、ここでいう民間救助隊は、公的機関による捜索が打ち切られたのち、遭難者の家族の依頼を受けて捜索を引き継ぐ組織を指す。

このような形での捜索がいつごろから行われるようになったのかは不明だが、諦めきれない家族が地元の山案内人などに個人的に依頼して、捜索を引き継いでもらったのがはじまりではないかと思われる。山域によっては昔から山案内人組合が組織されていたところもあるので、組合として依頼を受けることがあったかもしれない。

また、一九四八（昭和二三）年に創立された東京都山岳連盟（以下、都岳連）は、発足当初から遭難救助隊を有し、傘下にある山岳会の遭難事故の救助活動をサポートしてきたが、やがて行方不明となっている未組織登山者の捜索も手掛けるようになった。

さらに、近年では行方不明者の捜索をメインに活動する民間救助隊が立ち上げられている。インターネットで検索すると、いくつかヒットするので、ホームページを見比べてみるといい。万が一、民間救助隊に捜索を依頼することになったとしたら、どこを選んだらいいのか迷いそうだが、ホームページを見るだけでも、それぞれ個性があることがわかる。捜索にあたっての理念、捜索方法、費用などは隊によって異なるだろうから、実際に代表者に会って説明を受け、納得したうえで依頼するのが望ましい。代表者がブログやSNSをやっていたり、山岳雑誌や登山のサイトにインタビュー記事が掲載されたりしていることもあるので、それらも参考になるかもしれない。

今の民間救助隊の性質上、捜索に着手する時点で長い時間が経過していることが多いので、生存して発見されることは非常に少ない。また、必ず発見されるともかぎらず、大金と長い時間を注ぎ込んだのに発見に至らなかった、ということもある。

気になるのが費用だが、隊や捜索方法、捜索期間、出動人数などによって大きく異なってくる。基本的な隊員ひとりあたりの日当は、前述の遭対協の隊員と同じぐらいか若干高い三万～五万円程度のようで、このほか諸経費などがかかってくる。捜索が長期化すれば、当然、費用はどんどんかさんでいき、それでも発見できず、しまいには救助隊と行方不明者の家族がトラブルになったという話も耳にした。万一、依頼するときには、結果的に発見できなかったときのことまで含めて、最初の時点でしっかりと話を詰めておく必要があろう。

二〇二二（令和四）年のGW、家族に「登山に行く」と伝えて家を出た五六歳の女性が、一週間経っても帰宅せず行方不明になる事故が起きた。警察の捜索により、女性は白山方面へ向かったものと推測されたが、発見できないまま捜索は打ち切られた。そこで女性の家族が捜索の引き継ぎを依頼したのが民間救助隊だった。

当初、状況から捜索は長期化するものと懸念されたが、民間救助隊は捜索を開始した翌日に女性を発見した。残念ながら遭難者は亡くなっていたものの、捜索を開始してわずか二日目に発見することができた要因について、同隊は「警察の救助隊が遭難の可能性のある箇所の一部をすでに捜索済であったこと、警察が大変協力的で必要な情報を共有できたこと、家族の尽力により多くの一般登山者からの情報が得られたことで、捜索の範囲がある程度絞ることができたため」と分析している。

今はまだ二次捜索的な活動が中心になっている民間救助隊だが、事故発生直後から警察や消防などの公的機関と協力体制をとり、それぞれのノウハウを活かして捜索にあたれば、生存している遭難者を発見できる確率は高くなる。その可能性を示唆しているのが、このケースであるように思う。

これから先、山岳遭難救助のあり方が、そのような流れになっていくのかどうかはわからない。しかし、捜索する側にとっても、捜索される側にとっても、そして遭難者の家族にとっても、それがベターであることに異論を挟む余地はないだろう。

研究・開発が進む新たな遭難者捜索システム

山岳遭難事故が起きたときに、遭難者をいかに早く発見・救助するかが先決であることは、昔も今も変わらない。そのためのツールとして、電波を使って正確な位置情報を伝えるシステムの開発・運用は古くから進められてきた。

富山県警山岳警備隊は、一九八八（昭和六三）年から、冬季の劔・立山連峰への登山者を対象に、「ヤマタン」と呼ばれる電波発信機を貸し出しているし、バックカントリー愛好者の間ではもはや必携品となっている雪崩ビーコンもその一種だ。ただし、これらが発信するのは微弱電波なので、遠距離では正確な位置情報の特定が難しいという欠点がある。そこで研究機関や企業などが進めているのが、これを改善する、遠距離からでも正確に遭難者の位置を特定できるシステムの開発である。

たとえば、富山県立大学や北陸総合通信局などは、山や雪などの障害物の影響を受けにくい一五〇ＭＨｚの電波を利用した「登山者位置検知システム」の研究開発を共同で進めている。これは、登山者が所持する小型端末からの電波を、山小屋などに設置した検知者端末が受信して位置を特定するというシステムである。登山者が手動で操作するモードと、遠隔操作できるリモートモードを搭載しているので、たとえ登山者が意識を失うなどして操作できなくても、検知者端末からのリモートコントロールで位置情報を取得できる利点がある。また、広島大学病院らのチームは、登山者が携行する子機と山麓の親機がドローンなどを経由し、電波を送受信して位置を特定するという、新たな山岳遭難者の救援支援システムを開発、二〇一八年夏に長野県白馬村で実証実験を行った。通信距離は五キロ〜一二キロメートルで、子機のバッテリーは携帯電話より長持ちするという。

さらには、「将来的に宇宙から山岳遭難者を捜索」という謳い文句で、クラウドファンディングで協力を募ったのが、NPO法人光探索協会が開発した「光探索システム」だ。電波を使った技術ではないが、人工衛星からレーザーを照射し、地上の反射材からの反射光によって位置を特定するというもので、QRコード付き高輝度再帰性反射マーク入りのキーホルダーを登山者が携行することによって、将来的に宇宙から遭難者を捜索できるようになるとのことである。

このシステムに注目した近畿大学理工学部や日本山岳救助機構（jRO《ジロー》）らは、小型軽量の強力なサーチライトを搭載したドローンと、QRコード付き再帰性反射マークを用いて遭難者を捜索する研究を共同で進めており、QRコードを生地に印刷した小型シェルターやバンダナはすでに販売されている。QRコードには登山計画などの情報を書き込め、山行のたびに書き換えることも可能だ。QRコードは、二〇〇メートル以上離れていても、ドローンのカメラなどで読み取ることができる。

このほかにも、さまざまな技術が研究・開発され、「実証実験を行った」というような話題はマスコミにもよく取り上げられるが、その後の続報を耳にすることはあまりない。立ち塞がるさまざまな問題を解決し、技術を確立するまでには長い時間がかかり、そう簡単には実用化できないというのが現状なのだろう。

警察や消防などでも導入が進むココヘリ

そんななかで唯一、実用化され実績も上げているといっていい存在が、会員制の捜索システム「ココヘリ」だ（入会金三三〇〇円、年会費五五〇〇円。二〇二二年夏に、山岳遭難対策制度を運営する「ｊＲＯ」を子会社化したことで、捜索・救助費用補塡サービスが追加付帯された）。

ココヘリの会員になると、会員証として小型の電波発信機が発行され、これを携行して山に行った会員が行方不明になった際には、ココヘリと提携するヘリコプター運航会社が捜索を行い、電波を受信して行方不明者を見つけ出すというシステムである。遭難者の救助は、位置情報を提供された警察や消防が行うことになる。

ココヘリが使用する電波は九〇〇ＭＨｚ帯で、実用レベルでの捕捉距離は半径約三キロメートルだ。障害物による影響を受けにくく、ＧＰＳが苦手とする山間部でもピンポイントで位置情報を捉えることができる。カバーする捜索網は屋久島を含む全国の山域だが、沖縄・島嶼部には対応していない。

その実用性が話題になったのが、二〇一九（令和元）年八月一日に起きた事故だ。この日、北アルプスの清水岳で七〇代の夫婦が遭難し、富山県警がヘリで捜索を行ったものの、発見には至らなかった。しかし、その日の夜に遭難者がココヘリの会員になっていることがわかり、翌日、受信機を使ってヘリで捜索したところ、わずか一五分で遭難者を発見し、無事救助した。この件で、富山県警の関係者は「熟練の山岳警備隊員でも肉眼では限界がある。機器の正確さには本当に驚いた」とコメントしている。

こうした実績から、全国三四（二〇二二年二月現在）の都道府県の警察や消防が、会員証の電波発信機の電波をキャッチする専用受信機を導入しており、東京消防庁ハイパーレスキュー隊では捜索ツールとしてだけでなく、隊員の二次災害防止にも役立てている。また、近年はスキー場やトレイルランニング大会などでココヘリの携帯を義務化する動きもみられ、子機のレンタルを扱う施設も現れはじめている。

ただし、ココヘリの電波発信機を持っているからといって、遭難事故を未然に防げるわけではない。ココヘリは、遭難事故が起きてしまったあとに、なるべく早く発見・救助してもらうのに役立つものである。なにを隠そう、私もココヘリの会員になっているが、そのいちばんの理由は、事故後の対処において、できるだけ家族らに負担をかけないようにするためだ。

いうまでもなく、会員になったとしても、山に行くときに電波発信機を携行していなかったり、バッテリーが切れていたりしたのでは、なんの役にも立たない。また、ココヘリの機能を最大限に活かすには、会員になっていることを家族に伝え、登山計画書を残しておく必要もある。実際、登山計画書を提出していなかったり、電波発信機の携行方法が不適切だったりして、捜索がうまく行われなかった実例が、ココヘリのウェブサイトにいくつか紹介されている。

正しく使いこなさなければ持っている意味がないのは、ココヘリにかぎらずどんなツールにも当てはまることだ。

遭難者の捜索にドローンは有効か

山で行方不明になった登山者を捜索する手段として、かねてから注目されてきたニューテクノロジーが、ドローン（無人航空機）である。その実験・研究は官民を問わずに進められていて、すでに実用化の段階に入りつつある。山岳遭難の救助訓練にドローンを取り入れる警察や消防も現れはじめており、ドローンの活用に寄せる救助関係者の期待の大きさがうかがえる。

二〇二〇年一一月二二日に北アルプスの燕岳で起きた遭難事故では、ヘリコプターが悪天候により捜索を打ち切ったのち、ココヘリを搭載したドローンが遭難者の位置を特定し、早期発見に結びつけた。これはココヘリ搭載ドローンによる初めての捜索事例となった。

ドローンを活用して、山岳遭難者や雪崩埋没者、土砂や瓦礫に埋もれた被災者らの位置を特定する研究開発を進めているのがソフトバンクと東京工業大学だ。この「ドローン無線中継システム」は、無線中継装置をドローンに搭載することで、圏外エリアを臨時的にエリア化し、遭難者が持つスマホのGPS機能により位置情報を伝えるというものである。ソフトバンクの関東エリア拠点では、すでに二〇二二年七月よりシステムの運用が開始されており、順次、全国の拠点に拡大する予定だという。

また、ユニークな試みとして興味を引くのが、二〇一六年からはじまった「山の遭難救助ロボットコンテスト」だ。主催者の「Japan Innovation Challenge 実行委員会」によると、このコンテストは「災害対応分野における、ロボットの製品化に向けた研究・開発を加速すること」を目的とし、北海道上士幌町の広大な町有林を会場として毎年開催されている（二〇二一年は開催されず）。

その内容は、実際の山のなかに、遭難者に見立てたマネキンを置き、ドローンや産業用ロボットを使って「発見（山中に設置されたマネキンを発見し、位置情報と写真を取得する）」、「駆付（競技時間内に捜索エリア内のマネキンへレスキューキットを届ける）」、「救助（マネキンを救助し指定の場所まで搬送する）」という三つのミッションにチャレンジするというものである。それぞれのミッションを達成したチームには賞金が贈られる（達成チームで分配する）が、最も困難な「救助」の達成チームには二〇〇〇万円が進呈される。

これまでの参加チームをみると、ドローンや産業用ロボット関連の民間企業や団体、高校・大学の研究チーム、保険会社などが名を連ねている。三つのミッションのうち、「発見」「駆付」についてはおもにドローンが用いられ、回を重ねるごとに達成の確立、精度が向上しつつある。「救助」に関しては、達成にはなかなか至らないものの、実現の可能性がみえてきているという。

山岳地帯での行方不明者の捜索にドローンが有望視されるのは、非常に有効な手段になる可能性を秘めているからにほかならない。そのいちばんのメリットは、捜索の効率が上がり、捜索者のリスクや負担、時間のロスが大きく軽減されることだ。

たとえば、人力で地上から捜索する場合、急峻な崖の下になにか落ちているのを発見したとしたら、捜索者はロープを使ってそこへ下りていき、確認しなければならない。それが行方不明者の手掛かりになるものだったらまだしも、ただのゴミであることも多い。

しかし、ドローンを使えば、捜索者が自ら危険箇所に身を投じる必要はなく、遠隔地の安全な場所からドローンを操作するだけで危険エリアの捜索ができるだけでなく、作業時間の短縮にもつながる。なにより無人で飛行・捜索できるので、最悪、落ちたとしても二重遭難にはならず、人的被害は発生しない。また、高画質の動画を撮影・記録できるので、捜索後に改めて動画を解析し、手掛かりを探すといった使い方もできる。

さらに、捜索費用の面でのメリットも大きそうだ。今、山岳遭難救助に活躍する警察や消防のヘリは、原則的に当事者負担はないが、燃料費や整備費用、人件費などを含めると実際には一時間五〇万〜六〇万円程度の経費がかかっているという。一方、ドローンを飛ばしたときに、どれぐらいの経費がかかってくるのかは不明だが、遭難救助の捜索の部分だけでもドローンが担えるようになれば、ヘリを飛ばすよりはるかに経費を抑えることができるはずである。

だが、いいことばかりではなく、課題も山積されている。その筆頭に挙げられるのが、操縦の難しさだ。障害物の少ない平地を飛ばすのならそれほど問題はないが、地形が複雑で特有の気象現象も起こりやすい山岳地帯を正確に飛ばすには、卓越したテクニックが要求されるという。その人材育成も一朝一夕というわけにはいかない。理想をいえば、人の操作は最小限とし、ドローン自体が障害物や状況の変化などを感知して自動飛行できるようになればいいのだろうが、そうなるにはまだ時間がかかりそうだ。

また、ドローンは悪天候全般に弱い。精密機械であるドローンの内部に水が浸入すると、ダメージを受けてしまう。ドローンの一般的な機体は防水仕様ではないので、雨や雪のときには飛ばすことができない。風に対しては、機体のパワーによって飛べる条件が違ってくるが、風速五メートル以上のときの飛行は避けたほうが無難とされている。霧や靄《もや》などのガスもドローンにとっては天敵で、視界が確保できない状況下では障害物を避けるのが難しく、追突や墜落のリスクが高くなる。

さらに、ドローンは寒さに弱く、気温が下がる冬季や標高の高い場所では、バッテリーの電圧が低下して飛行できなくなってしまう。バッテリー自体の持続時間も三〇分～一時間程度（機種によって異なる）と短めで、長時間のフライトは難しい。

そのほかに法的規制の問題もある。ドローンは、使い方によっては事故や犯罪につながる可能性もあることから、安全運航を確保するために航空法、電波法、道路交通法、迷惑防止条例などに基づき、多くの細かな規制がかけられている。行方不明者の捜索にドローンを使うにしても、それらに抵触しないことが求められる。

とはいえ、今日のテクノロジーの進歩は日進月歩である。防水ドローンや全天候型ドローンの開発も進んでいるという。捜索・救助活動の現場でドローンが活躍する日は、そう遠くないかもしれない。

第4章　登山の自己責任について

原則、登山は自己責任だが……

山での遭難事故が起こるたびに持ち出されるのが〝登山の自己責任論〟だ。事故を報道するネットニュースのコメント欄には、遭難者に対する非難がこれでもかというぐらいにあふれかえっている。

「自ら危険な場所に行っているのだから」「天気が悪いときに行動して遭難するのは自業自得だ」「そんな軽装で登ろうとするなんて山をナメている」「だから助ける必要はない。助けてもらうんだったら、きっちり救助費用を払え！」といったところがその主たるいい分である。これに対し、「登山に自己責任論なんて持ち出すな」という者もいる。「遭難して人が死にそうになっていたら、助けるのはごく当たり前のこと」というのがその主張だ。

だが、登山の自己責任をめぐるこのような論争を見るたびに、「論点がなんだかちょっとズレているのでは？」と感じるのは私だけだろうか。

これまでにほかの媒体でも述べてきたが、他人に強要されるのではなく、自分の意志で山に登る以上、登山は原則、自己責任で行うものだと私は思う。ここでいう自己責任とは、自分で登る山を決め、情報を集めて計画を立て、実際に山に赴き、最後まで自分の足で歩き通して下山してくることであり、その過程で起こるアクシデントやトラブルについても自力で解決することを指す。

登山というのは、あくまで自発的な行為なのだから、スタートしてから下山してくるまでの行動すべてに責任が伴うのは当然だろう（ただし、ツアー登山やガイド登山に申し込んだ場合は、行動決定の判断や安全の確保などをガイドまたは添乗員らに委ねるので、話は別だ）。

とくに、国内において近代登山が幕を開けた明治期〜一九六〇年代ごろまでは、初登攀に代表されるような冒険的登山が数多く実践され、登山者にも「登山は自己責任で」という意識が強く植えつけられていた。登山界の主流を成していた社会人山岳会や大学山岳部では、山で遭難するのは恥と教育され、ちょっとやそっとのケガだったら、「這ってでも自力で下りてこい」といわれたものだった。それだけメンツやプライドを大事にしていた時代だったのだ。

また、今のように携帯電話で手軽に救助を呼べるわけではなく、救助活動自体も人力を中心とした大掛かりなものであった。そのため多額の救助費用がかかり、「遭難したら身上が潰れる」といわれていたほどだった。だから仲間が遭難したときでも、山岳会や山岳部の関係者が集結して現地に赴き、率先して救助活動を行った。それが当時の〝登山の自己責任〟の考え方であった。

ひとたび山に入ったからには、他人の力をあてにせず、最後まで自力で下りてくることを大前提とするのは、間違いではないと思う。しかし、自己責任にこだわるあまり、無理をして事態を悪化させてしまったのでは本末転倒である。ケガや病気による痛みに耐えて自力下山してきたのはいいが、体に大きな負荷をかけたことで完治するのに時間がかかってしまったり、障害が残ってしまったりするのでは、適切な判断を下したとはいえない。まして、救助を要請すれば助かっていたかもしれないのに、「自己責任だから」とそれを拒んで命を落としてしまうようなことは、やはり間違っている。

自己責任だから遭難者を助ける必要はない？

先に「登山中に起きるアクシデントやトラブルについても自力で解決する」のが自己責任の取り方だと述べたが、それはあくまで登山者ひとりひとりの心構えとしてであり、命と引き換えにしてまでこだわるものではない。

実際に、山でアクシデントやトラブルに遭遇し、どうしても自分たちの力では対処しきれないと判断したなら、迷わずに救助を要請したほうがいい。警察や消防などの山岳救助隊員は、山で窮地に陥っている人を助けるために存在する。助けを呼ぶのに躊躇する必要はない。

それを第三者が、「登山は自己責任なのだから自分でなんとかしろ」というのはお門違いである。そもそも、山で命の危険にさらされている人に対して、どうして「自業自得だ」などといえよう。なにはさておき、手を差し伸べようとするのが人道というものだろう。

山にかぎったことではなく、人が生きていくうえでも根底にあるのは自己責任だと思う。自分で判断して行動した結果は、自分で責任を取らなければならない。

しかし、どんなにがんばったとしても、人は自分ひとりだけでは生きていけない。人生のさまざまなシーンにおいて、そのときどきで、いろいろな人たちの助けを借り、あるいは迷惑をかけて生きている。それが社会だ。「自己責任が基本だけど、万が一のときには助け合わなきゃね」という点では、山も社会も同じはずである。

遭難者に対してネット上で心ない誹謗中傷を浴びせる人は、誰の助けも借りずに生きているつもりなのだろうか。死の境にいる人にさえ寛容でいられない風潮は、どこか歪んでいるように感じてならない。

数ある遭難事故のなかには、遭難に至るまでの過程があまりにお粗末なものもたしかに散見される。登ろうとした山が自分の体力・技術と大きく乖離していた、地図アプリの操作法がわからず道に迷った、ただ疲れたからというだけで救助を要請した、冬の富士山にアイゼンやピッケルを持たずに登ろうとした——などなど、思わず呆れてしまうような事例を見聞きすると、「山をナメるな、バカヤロー」と一喝したくなってしまう。第三者が感情的に非難したくなる気持ちも理解できる。

しかし、だからといって、見捨ててもかまわない、という論理は成り立たない。穂高岳山荘元支配人で、数多くの遭難救助に携わってきた故・宮田八郎は、著書『穂高小屋番レスキュー日記』（山と溪谷社）のなかで次のように書いている。

誰も遭難しようとして山には登りません。しかし山に登る者すべてに遭難は起こり得るのです。どれだけ経験を重ねようが、高い技術を身につけようが、ことさらに注意深くあろうが、事故は起こってしまうもの。世間が騒動を起こした人への批難として「自己責任」という言葉を投げつけるのは場合によっては理解できなくもないのですが、「自己責任だから助けなくてもよい」というのは違うやろうと。まずは救うこと。その相手がどうであれ救うためにわれわれは存在しています。ともかく助けてから、あとはドツくなりケトバすなりすればいい。

「善意だけで人命救助なんてできない」そんなことはわかっています。
「熱意だけで人は救えない」そんなことも言われずとも理解しています。

それでも、目の前で助けを求めている人がいるのなら、走っていけばたどり着ける場所で救助を求めているのなら、ぼくたちが助けてあげたい。
そんなんフツーやろ、と思うのですけれど。

遭難者に「自己責任」という言葉を投げつけて非難する人たちに、宮田の思いは理解できるのだろうか。

自己責任を果たすためにすべきこと

これまで述べてきたように、山で遭難した人を攻撃するために第三者が用いる「自己責任」という言葉には、ミスを許さずに突き放す冷酷さを感じる。登山に携わっている関係者からも、「自己責任という言葉は嫌いだ」という声がたまに上がってくるが、おそらく同様の理由によるものだろう。

だが、少なくとも登山者自身は自己責任を否定すべきではない、と私は思う。再三いうように、登山は自己責任で行うのが大前提である。山岳遭難救助に関わる人たちは、たびたび「登山は自己責任です」と発信しているが、これは「そういう自覚を持って山と向き合え」という意味でいっているはずだ。もし登山者がその自覚を持てず、「困っているのだから助けるのが当たり前だろ」と思っているとしたら、おそらくその人は山に登る資格がない。

では、自己責任で行う登山とはどういうものか。なにも難しく考える必要はない。自己責任とは、「失敗も含め自分の行動の責任は自分自身で取ること」であるが、失敗が死に直結してしまうこともある登山の場合、なによりリスクに対する備え、すなわちリスクマネジメントが自己責任の大きな部分を占める。

以下、自己責任を果たすためにやれることを列挙する。

●自分の力量に合った山・コースを選ぶ

自分の体力や技術を考慮せず、あるいは過信して、憧れだけで山やコースを選び、結果的に実力が伴わないために遭難してしまうというケースが近年は目立つという。

●登山届を提出する

行動予定などの必要事項を記した登山届を警察と家族に提出しておけば、万一遭難したときに救助活動が迅速に行える。山域によっては条例によって提出を義務づけているところもある。なお、遭難事故の報道では、登山届を出していたかいないかによって、遭難者の落ち度を推し量る印象操作が行われるようになっているが、登山届は提出さえしておけばいいというものではない。提出する意味を正しく認識するとともに、そこに書かれている内容（行動予定やエスケープルートなど）をしっかり頭に入れておくことが大事だ。

●必要な装備を過不足なく持つ

装備が不充分だと、山の状況変化に対応しきれずに危険な状況に陥ってしまう。ペットボトルの水一本だけを手に持って山に登る、なんてことがないようにしたい。逆に余計なものまで持ちすぎると、行動が遅れがちになり、疲労や日没時間切れなどの危険を招くことになる。

●エマージェンシーグッズ、ファーストエイドキットは必携

山では、いつアクシデントやトラブルに見舞われても不思議ではない。万一に備

えるため、ツエルトやレスキューシート、ヘッドランプ、多用途に使えるロープ（細引き）、破損した用具を一時的に補修するリペアキットなどは、日帰り登山であっても必携だ。また、ケガや疾病の応急手当に使用する薬品類などをコンパクトにまとめたファーストエイドキットも欠かせない。適切な措置がされるかどうかによって生死が分かれることもあるので、登山者にとって応急手当の知識は必須となる。

●通信手段を確保する

総務省の「通信利用動向調査」によると、携帯電話やスマホなどのモバイル端末の個人保有率は今や八〇パーセントを超えているそうだ。警察庁が発表する「山岳遭難の概要」を見ても、近年は救助要請をするための通信手段の約八〇パーセントが「携帯電話（スマホを含む）」となっている。普及率が高く、誰でも手軽に使えるモバイル端末は、たしかに山でも最も有力な通信手段となるが、周知のとおり圏外となるエリアもまだ多く、通話するには電波の届く場所まで移動しなければならない。また、バッテリーの消耗も早いので、携帯用の充電器または予備のバッテリーを持つ必要がある。

●山岳保険に加入する

現代の救助活動は、警察や消防などの公的機関が主力となっている。このため、「救助費用はタダ」と思い込んでいる人もいるようだが、実際には民間の救助隊員が協力して出動することも多く、数万〜数十万円程度の当事者負担は当たり前で、場合よっては二〇〇万〜三〇〇〇万円の救助費用が請求される。その経済的負担をカバーしてくれるのが山岳保険である（ただしケースによっては適用外となることもある）。今は保険会社や山岳団体、登山用具メーカーなどがさまざまなタイプの山岳保険を提供している。自分のみならず家族のためにも、山岳保険への加入は登山者の義務と考えたい。

救助費用の有料化と自己責任

自己責任で山に登る以上、少なくともこれらのことは実践すべきだろう。

といっても、特別なことはなにもない。登山者にとっては、ごくごく当たり前のことばかりである。逆のいい方をすれば、登山者として当たり前のことをきちんと実践するのが、自己責任の取り方の基本、ということになろう。

なお、遭難事故が発生したときの救助費用に関していうと、「登山の自己責任論」と相まって、今後、有料化が進む可能性もある。

すでに埼玉県では二〇一八（平成三〇）年一月より、防災ヘリによる山岳遭難救助が全国で初めて有料化されている。これは、県内の特定の山（雲取山、笠取山、甲武信ヶ岳、両神山、小鹿野二子山、日和田山）で防災ヘリが遭難者を救助した際に、五分ごとに五〇〇〇円の手数料を遭難者の負担にするというものだ。その狙いは、「危険を伴う山岳遭難救助活動の費用は受益者負担にするのが公平」という前提のもと、登山者の注意を喚起し、無謀な登山を抑止することを大きな狙いとしている。

行政ヘリの有料化については、今のところほかの自治体が追随する動きは見られない。ただ、有料化の流れのひとつとして、増加するバックカントリー中の遭難事故に対処するために、当事者に救助費用を請求する条例やローカルルールを定めるスキー場が現れはじめている。第3章で述べたように、行政による捜索が打ち切られたあとを引き継いで行方不明者の捜索を行う民間救助隊も存在感を増しつつある。

ネット上で展開されるような、自己責任を振りかざした感情的な批判はさておくとして、山岳遭難救助における受益者負担について冷静な論議がなされれば、将来的に行政も含めた遭難救助が有料化されることになっていくかもしれない。

といったことを書きしたためていたところへ、「フランスのモンブランに挑む登山者に対して、救助費用と葬儀費用の先払いが義務化される」というニュースが入ってきた。二〇二二年夏のモンブランは、落石の危険が高まり異常高温も続いたことなどから、フランス側からの登山道を通行止めにしていた。ところが、これを無視して登ろうとする登山者が絶えなかったため、地元の町長が激怒した。「フランスの納税者がそうした費用を負担することは容認できない。一部の人たちの無責任さと、そのために救助隊が出動しなければならないリスクに対応した措置を講じる」とし、モンブラン登頂を目指す登山者に対して、一万五〇〇〇ユーロ（約二〇〇万円）の保証金を求める計画を発表した。もし救助の必要が生じた際には一万ユーロが、さらに死亡した場合は葬儀費用として五〇〇〇ユーロが地元の自治体に支払われることになるという。

この計画が実際に発動されたのか、あるいは発動されることになるのかはわからない。ただ、救助費用の有料化が遭難事故の抑止力になるのはたしかだし、登山者に「登山は自己責任で」という意識を持ってもらうのに効果はあると思う。保証金が二〇〇万円というのはさすがに高すぎる気もするが、地元はそれだけ業を煮やしているのだろう。

徐々にだが、日本でも有料化の声は高まりつつある。まだ時間はかかるかもしれないが、救助費用が有料化されるときが、いずれやってくるのではないだろうか。

第5章　コロナ禍で登山が変わった

新型コロナウイルスのはじまり

中国の武漢で、なにやら得体の知れない感染症が流行《はや》りはじめているというニュースが流れたのは、二〇一九（令和元）年一二月のことであった。新型コロナウイルスと呼ばれるようになったこの感染症、二〇二〇（令和二）年一月一五日には、武漢から帰国した男性の感染が国内で初めて確認された。

その後、二月三日に横浜に寄港した大型クルーズ船、ダイヤモンド・プリンセス号の乗客・乗員のなかに感染者が確認され、三七一一人の乗客・乗員のほとんどは一四日間、船内に隔離されることになった。また、中国人旅行者のなかからも感染者が出はじめ、二月以降は海外渡航歴のない日本人の間にも感染が広がっていった。

そんなさなかの二月下旬、私は五人のスキー仲間と北海道へ飛び、余市岳や朝里岳などでバックカントリースキーを楽しんでいた。このころには世界各国で感染者が確認されはじめ、国内でも集団感染が発生したり、マスクが品薄になるなどの影響も出はじめた。スキーを終えて宿でくつろぐ我々の話題も、もっぱらコロナ一色であったが、当時はまだ危機感は薄く、どこか異国で起きている出来事のような気がしていた。

ただひとり、アメリカ在住で日本に帰国していた仲間が、「帰るとき、無事アメリカに入国できるんだろうか。二週間ぐらい隔離されちゃうんじゃないかなあ」と心配していたのが印象に残っている。

スキー旅行を終え、しばらくしてアメリカに帰った彼からは、「問題なく入国できた」との連絡が届いた。しかし、新型コロナウイルスの感染は急激に拡大し、わずか数ヶ月の間に「パンデミック」といわれるほどの世界的な流行となってしまった。

それまでは、疫病が世界中で流行ったのは、物語で読んだ中世の時代の出来事くらいにしか思っていなかった。それがまさか現実のことになるとは、誰が想像できただろう。

新型コロナウイルスの感染拡大により、国内では四月七日、東京、神奈川、埼玉、千葉、大阪、兵庫、福岡の七都府県に一回目の緊急事態宣言が出され、四月一六日には対象を全国に拡大した。その後、変異株の出現、沈静と流行、対応の変化などを繰り返しながら、世界が今なお先を見通せない長い渦中にあることは周知のとおりだ。

新型コロナウイルスの出現は、文字どおり世界を一変させ、我々の生活を根底からくつがえした。そしてまた、登山のあり方さえも大きく変えることになった。

不要不急の外出、登山は自粛せよ

緊急事態宣言の対象地域が全国に拡大された直後の四月二〇日、日本山岳会、日本山岳・スポーツクライミング協会、日本勤労者山岳連盟、日本山岳ガイド協会の山岳四団体は、「山岳スポーツ愛好者の皆様へ」と題する、登山者に自粛を呼びかける共同声明文を発表した。以下はその抜粋である。

全国民が、外出制限、商業施設の相次ぐ閉鎖あるいは在宅勤務等々、日々逼迫した窮屈な生活を強いられています。このような現況下で、都市を離れ、清浄な空気と自然を求めての登山やクライミング行為は、出先の方々への感染を広め、山岳スポーツ愛好者自身が感染するリスクを高めます。

この緊急事態に対処するには、山岳スポーツを愛する皆様の他者への思いやり、そして何よりご自身の感染防御に専心され、事態の収束を見るまで山岳スポーツ行為を厳に自粛していただきますよう山岳四団体としてお願いいたします。


これにより、全国各地の山々で登山者が激減した。そもそも日常生活自体が一八〇度変わろうとしているなかでは登山どころの話ではなかったし、ほとんどの人は「不要不急の外出は控えるように」という呼びかけに背いてまで山に行くことに後ろめたさを覚えた（ただし後述するように、近郊の低山は登山者やハイカーで賑わいをみせていた）。

日本を代表する山岳県・長野は、全県の市町村に対して登山口駐車場の閉鎖を依頼し、主要な登山口の駐車場は閉鎖されることになった。また、ウェブサイトやS

NSなどで次のように呼びかけた。
〈長野県では、新型コロナウイルス感染拡大の防止の観点から「自粛」を呼びかけています。春山ならではの魅力はあると思いますが、山はそこから逃げることはありませんので、今一度、ご自身の行動が正しいのか否かを考えて行動してください〉

それでも登山者がゼロになることはなく、緊急事態宣言中にも県内では数件の遭難事故が起きた。もちろん救助活動を〝自粛〟するわけにはいかないので、遭難者にはマスク、隊員が携行した合羽やゴム手袋をつけてもらい、熱中症や高山病などでそれが不可能な場合は救助隊員が防護服を着用した。

そんななかで物議を醸したのが、四月二五日に八ヶ岳連峰・阿弥陀岳の御小屋尾根で、三六歳の単独行男性が滑落し、長野県警のヘリで救助されたという事案だ。男性は左手首骨折の重傷を負ったが、収容先の病院で新型コロナウイルス感染の疑いが浮上し、PCR検査を受けた。その検査結果が出るまでの間、救助に携わったヘリのパイロットや整備士、救助隊員ら約一〇人が自宅待機を余儀なくされることになった。男性は二日後に陰性と判明し、自宅待機は解除された。

この報道を受け、登山自粛が叫ばれているなかで山に登って遭難したことを非難し、「GW中に遭難事故が起きたら、遭難者の名前の公表を検討すべきだ」と提言したのが登山家の野口健だ。これに対してホリエモンこと堀江貴文が、「結局コロナ陰性だし、そもそも登山で感染したわけじゃないでしょ」「そもそも登山って危険なんじゃないの？（笑）。毎年たくさんの人が亡くなっているよね」「そもそも遭難している時点で、救助隊員を命の危機に晒してる。どこまで許容するかの問題でしょこれ」とツイッターで呟き、ちょっとした論争になった。

また、緊急事態宣言の解除後の六月三日には、北アルプスの爺ヶ岳で七七歳の男性がルートミスにより遭難して救助されるという一幕もあり、ネット上などで非難の声が上がった（長野県は、緊急事態宣言の解除後も引き続き登山の自粛を呼びかけていた）。男性は緊急事態宣言中も、なるべく人との接触を避けながら、マイカーで日帰り山行を続けており、「誰にも迷惑をかけていないのだから、山に行ってもかまわないだろう」と考えていた。そこで救助隊員に「どうして登山を自粛しないといけないのか」と尋ねたところ、隊員は「万が一、遭難者がコロナに感染していたとしたら、救助隊員がコロナの危険にさらされることになります。もしあなたを背負って下ろさなければならなかったら、これを着てもらわなければなりませんでした」と答え、持ってきていた防護服を男性に見せた。

長野県警山岳遭難救助隊は、救助活動時の隊員への感染を防ぐため、感染対策を強化していた。ヘリによるレスキューにあたっては、マスク、手袋、ゴーグル、防護服を着用し、万一、隊員に感染が広がった際のバックアップ体制も整えていた。

防護服を見せられた男性は、遭難したことで周囲の人たちに大きな迷惑をかけていたことを理解し、「私は自分のことしか考えていなかった」と反省したという。

コロナ禍での山岳界の動き

緊急事態宣言はひとまず五月に解除されたが、未知の脅威が去ったわけではなく、登山者はこれにどう対応したらいいのかという課題が残された。そこで前述の山岳四団体をはじめ、日本登山医学会、山岳医療救助機構、「team KOI」（医師、山小屋経営者、山岳ガイド、ツアー会社、山岳ライターらで構成される有志の集まり）などは、登山者の指針とすべくガイドラインを作成して発表した。

その内容は機関・団体によって若干異なるが、おおよそ次のような内容が盛り込まれた。

●行政、山小屋などのガイドラインに従う
●混雑しそうな山、コースは避ける
●現地やコースの最新情報を収集して、しっかりとした計画を立て、登山届を提出する
●なるべく少人数でパーティを組む
●全行程を通して三密を避ける
●マスクを携行し、必要なときに着用する
●消毒グッズを携行し、手指などをこまめに消毒する
●登山中や休憩時、山小屋などではほかの登山者との距離を充分にとる

●体調管理をしっかり行い体調不良の場合は登山を中止する、またはすぐに下山する

●なるべくギアの貸し借りをしない

緊急事態宣言が解除されたのち、夏山最盛期を迎えて、山にはぽつぽつと登山者ももどりつつあった。しかし、この夏シーズンの富士山は史上初めて四本の全ルートが閉鎖され、山小屋もすべて休業を決めた。

富士山以外のほかの山でも、営業を断念した山小屋が相次いだ。小屋開けしたところでも、定員を従来の半分以下にするなど、宿泊客を大幅に減らしての営業となった。

入山者は山域によってバラつきが見られたようで、日帰りで登れる都市近郊の低山はそこそこ賑わっていた山もあったという。ちなみに、首都圏からのアクセスがいい丹沢山塊などを抱える神奈川県では、この年の遭難者数は過去一〇年間で最多の一七六人を数えたが、これは北海道、長野県に次ぐ全国三番目の多さだった。逆

に行程が一泊以上となる中級山岳やアルプスなどでは、大幅に登山者が減少したようだ。

また、ツアー登山は緊急事態宣言の解除後に再開されたが、売上は大幅にダウンし、多くの山岳ガイドも経済的に逼迫した。さらに大人数のグループ登山が減り、少人数のパーティや単独行者が目立ったこと、テント泊の登山者が増えたこと、外国人登山者の姿は皆無に近かったことも特徴的だった。

二〇二〇年下半期は、感染拡大が落ち着いたかにみえたが、一二月ごろから再び感染者が増えはじめ、二〇二一（令和三）年の年明け間もない一月七日に一都三県に二回目の緊急事態宣言が出され、五日後には一一都府県に拡大した。その後も四月中旬から六月上旬ごろと、七月中旬から九月中旬ごろにも感染拡大の山があり、それぞれ地域を限定しての緊急事態宣言が発令された。

ただし、新型コロナウイルスの感染拡大がはじまって二年目となったこの年は、感染対策をとることが日常となるなかで、新型コロナウイルスに対する過剰な恐怖心や警戒心も徐々に薄まり、落ち着いた対応がとられるようになった。

前年封鎖されていた富士山は二年ぶりに開山され、休業した山小屋の多くは、感染予防対策を徹底したうえで営業を再開した。その一方で、北アルプスや南アルプス、八ヶ岳、尾瀬などの一部の山小屋のなかには、引き続き休業の判断を下したところもあった。また、いくつかの山小屋では、従業員が感染したり濃厚接触者になったりしたため、一時的に営業を休止するなどの対応に追われた。標高の高い山よりも近郊の低山に多くの登山者が繰り出したのは前年同様だったが、アルプスや富士山などで登山者が少なかったのは、夏山シーズン中の天気があまり芳しくなかったことも影響したようだ。

警察庁が発表する「山岳遭難の概況」を見ると、二〇二〇年の遭難発生件数および遭難者数は、それぞれ二二九四件（前年比マイナス二三七件）、二六九七人（マイナス二四〇人）と大きく減少した（二〇一九年も前年より減少したが、これは梅雨明けが遅かったことや、秋に台風が相次ぎ登山道に被害が出るなどした影響とみられる）。しかし、二〇二一年は二六三五件、三〇七五人と、ほぼ以前の水準にもどっており、コロナ禍前とほぼ変わらない数の登山者がいたことがうかがえる。

もどりつつある登山者

二〇二一年の終わりごろからは、それまでの主流であったデルタ株に代わり、やはり新型コロナウイルスの変異株であるオミクロン株が猛威を振るいはじめた。二〇二二（令和四）年の年明け以降は、それまでにないほどの勢いで感染者が急増し、春ごろには一時小康状態となったものの、夏にはたびたび一日の最多感染者数が更新された。

ただし、高いレベルでの感染が継続し、医療機関や医療従事者に大きな負担が生じているものの、逼迫感は今に至るまであまり感じられない。これは、オミクロン株によって重症化するリスクは低いとされること、ワクチンの接種がある程度行き届いていること、人々が〝コロナ慣れ〟してしまっていることなどが要因として考えられる。そのためか緊急事態宣言は一度も出されず、まん延防止等重点措置も三月二一日にすべて解除されて以降は適用されていない。

これらの行動制限がなくなったことで、休業を続けていた南アルプス南部の山小屋は三年ぶりに営業を再開し、富士山も前年に続いて山開きを行った。

登山地図アプリを運営するヤマップが利用者を対象とした調査では、この年の七月〜八月に登山のために移動した距離は、コロナ禍前と同じ水準にまで回復しており、登山者の動きが活発になったことがうかがえる。

都道府県別の登山者数は、富士山や日本アルプスなどの高い山を訪れる登山者が増えたためか、前年と比較して山梨、長野、静岡の三県で最も増加した。ただし、標高二五〇〇メートル以上の山を訪れた登山者は、前年を上回ったものの、コロナ禍前の水準にはもどらなかったという。

また、長野県警が発表した夏山期間中（七月一日〜八月三一日）の山岳遭難の発生状況によると、北アルプスをはじめとする各山域で、天気のいい週末を中心に多くの登山者で賑わったが、遭難発生件数一〇〇件、遭難者一一〇人で、コロナ禍でいずれも最多となった。遭難者のほとんどは県外者であり、山域別に見ると北アルプスや八ヶ岳など標高の高い山での遭難が約九割を占める。事故要因については転倒が三割強と最も多く、三割を占めた疲労・病気がそれに続いた。

こうしたことから、大雑把にいってしまえば、登山者の動向はコロナ禍前とほぼ同じ水準にもどりつつあるように感じる。とはいえ、行動制限はなくなったが新型コロナウイルス自体がなくなったわけではなく、感染リスクは依然としてついてまわっている。

長野県内では、七月一日〜八月二二日までの間に発生した遭難事故のなかに、遭難者が新型コロナウイルスに感染していることが確認された事例が少なくとも五件あった。そのいずれもが北アルプスや八ヶ岳など標高の高い山で起きた事故で、感染が確認されたのは救助後のことで、救助隊員が一時、自宅待機となったケースもあった。

長野県警は、「隊員にも感染が広がると、一日に同じ山域で複数の遭難や大規模な遭難が発生した場合、支障が出る可能性は否定できない」（八月二五日付「信濃毎日新聞」）と述べている。

劔・立山連峰の登山拠点となる室堂では、従業員が感染したことによる宿泊施設の臨時休業が七月末から相次いだ。長野県でも、七月下旬から複数の山小屋で宿泊者や従業員の感染が判明し、営業を自粛する事態が発生した。

県は、「登山者から山小屋従業員に感染が広がることによる、同様の事態の発生が今後も予想される」として、ネットを通して「登山前の一週間程度はリスクの高い行動を控え、自身の健康チェックをしっかり行うとともに、山小屋利用では事前予約やマスクなどの基本的な対策を徹底してください」などと登山者に注意を呼びかけた。ほかにも南アルプス南部や白山の山小屋でも、従業員の感染により一時休業の措置がとられた。

コロナ禍が変えた山小屋の常識

突然、降って湧いたかのような新型コロナウイルスの感染拡大によって、そのあり方を最も変えられたのは山小屋ではないだろうか。

山小屋にかぎらず観光地のホテルや旅館なども同様だが、これらの宿泊施設では、施設内での感染を防止するためにソーシャルディスタンスを保つことが求められ、宿泊者の定員を二分の一~三分の一程度に抑えなければならなくなった。単純に計算しても、収入がいきなり二分の一〜三分の一ぐらいに減ってしまうわけである。

とくに人気の高い山やコース上にある山小屋のハイシーズンは、これまで「一組の布団に二人以上が寝るのは当たり前」とされるぐらいだったから、ダメージは計り知れなかった。もちろんそれではとてもやっていけないから、宿泊料金を値上げせざるをえず、二〇二二年夏の北アルプスでは一泊二食付が一万〜一万数千円に上がった。

ただ、人気の高い山小屋は、今までがあまりにも密すぎた。こんなことを書くと、山小屋関係者に怒られてしまうかもしれないが、一般の人にとって、一万円もの宿泊料金を払っているのに、一組の布団に見知らぬ人と二人以上で寝かせられるなんて、まず理解できないだろう。そもそも寝られるはずがない。

安全登山の心得には、「山行前には充分に睡眠をとって、体調を整えておきましょう」といったようなことが必ず書かれているが、ハイシーズンの山小屋に泊まると、体調を整えるどころか、逆に翌日は体調不良と睡眠不足で行動に支障をきたすことにもなりかねない。

それが、新型コロナウイルスという巨大な災禍によって改善されるとは、なんとも皮肉なことだ。定員を大幅に減らした今の山小屋は、寝場所がひとりずつパーティションで区切られ、スペースも広く確保され、換気も行われるなど、感染対策には充分な配慮がなされている。余談だが、最近チェックしたある山小屋のホームページには、「寝床のスペースを従来より大幅に拡大（おひとり様約一畳強に）した」とあった。今まではどれぐらいのスペースだったのだろうか。

山小屋の定員が大幅に少なくなったことで、もうひとつ山小屋に大きな変化があった。それはほとんどの山小屋が予約制となったことである。

コロナ禍以前、山小屋は予約なしで泊まれるものであり、登山者もそれが当然だと思っていた。山小屋によっては「要予約」あるいは「なるべく予約を入れてください」とするところも出てきてはいたが、それは圧倒的に少数派だった。

山小屋が予約なしでも泊まれたのは、宿泊施設としての存在以外に、いざというときの緊急避難所的な役割も果たしていたことが大きい。なにかアクシデントが発生して登山を続けることができなくなった登山者が、最寄りの小屋に逃げ込んで

「今晩泊めてください」とお願いしたときに、「予約が入っていないから、泊まれません」といわれたとしたら、どうすればいいのか。ほかに風雨をしのげるような場所もない山のなかのことなので、最悪、その登山者は命の危険にさらされることになってしまう。

また、事前にしっかり計画を立てていたとしても、その日の天候や体調などによっては、計画どおりにことが運ぶとはかぎらない。どうしても目的地までたどり着けないこともあれば、逆に「もうちょっと先まで進んでおきたい」と思うことだってあるだろう。

そのような場合でも、飛び込みで泊まれたのが山小屋であり、その存在は登山者の安全を守るのに大きく貢献していた。いうなれば〝来るものは拒まず〟だったわけで、そのことがすし詰め状態になる一因にもなっていた。

山小屋が完全予約制になったことで、登山者はよりしっかりと計画を立てなければならなくなった。山小屋によっては、宿泊料の事前決済やキャンセル料を徴収するところも出てきているので、以前と比べて計画の変更もしづらくなった。

いろいろな情報を集めて綿密に計画を立てることは、リスクを低減させることにつながるので、奨励されていいと思う。だが、計画を変更しづらくなったのはどうだろう。天気予報で悪天候が予想されたり、出発直前に体調がすぐれなかったりしたときに、計画を変更・中止するのはよくある話である。しかし、山小屋のキャンセル料を支払わなければならないとなると、「もったいないから」といって強行する人も出てきてしまうのではないだろうか。あるいは、「予約をとれなかったから」ということで、ふつうなら一泊二日の行程のところを、無理して一日で行こうとする人も出てくるかもしれない。

逆に日程に余裕があるような場合、登山中に気が変わって予定ルートを変更することだってありうる。「コンディションがいいから、こっちの山を経由するルートをとろう」「前から気になっていたこの温泉に下りるルートに変えよう」「もう一泊して近くのあの山に登ってみよう」といった自由さは、登山の大きな魅力のひとつであるが、山小屋が予約制になったことで、その自由が失われてしまうとしたら、ちょっと残念に思う。

もっとも、コロナ禍によって山小屋ばかりが苦境に立たされるのは、公平でないかもしれない。なんらかの形で登山者も負担や不自由さを強いられるのは、仕方のないことなのだろう。

なお、山小屋だけではなく、山岳地のキャンプ場も軒並み値上げに踏み切っている。密にならないように設営数に制限を設けたり、予約制を導入したキャンプ場もある。そのため、予約できなかった登山者がキャンプ指定地以外の場所にこっそりテントを張る「闇テン」が問題化しつつあるという。

ちょっと話は逸れるが、コロナ禍前には、テント利用の登山者が多い山域では、キャンプ場がすぐに満杯となってしまい、あとからやってくる登山者がテントを張れなくなるという現象が起きていた。このため、テント利用のパーティに対しては「ソロテントは使わず、一パーティ一テントで」と指導されるようになった。ところが今は、感染防止のため「パーティを組んでいてもひとり一テントで」というように変わっている。今までは「ダメ」とされていたことが、状況が変化したことで奨励されるようになったことは、なんとも不思議な気がする。

さて、現時点では、ほとんどの山小屋は営業を再開しているが、前述したように、山小屋の従業員や宿泊客の感染により、一定期間、営業できなくなる山小屋も出てきている。その小屋が、たとえば三泊四日の山行の二泊目に泊まる予定だった場合、山行そのものを中止にしなければならなくなるかもしれない。誰の責任というわけではなく、どうしようもないことなのだが、予定していた山小屋に直前で泊まれなくなる可能性もあることは、頭の片隅に入れておいたほうがいいだろう。

低山に人が集まり、単独行者が増加

新型コロナウイルスの感染拡大によって、多くの登山者は登山を自粛した。ただし、「都道府県をまたぐ移動は極力自粛するように」「密を避けよう」「二メートル以上のソーシャルディスタンスをとりましょう」といった呼びかけを、「近郊の山だったらいいだろう」と拡大解釈して、居住地から近い低山に出掛けていく人が少なからずいた。

二〇二二年四月二八日付の「中日新聞」は、「低い山なら登っていい？　愛知・

猿投山に登山者が密集」と題して次のように伝えている。

新型コロナウイルスの感染拡大による緊急事態宣言のなか始まった大型連休（ＧＷ）で、低山に登山者が集中している。愛知県豊田市と瀬戸市にまたがる猿投山（六二九メートル）の山頂には大勢の登山者が訪れ、ピーク時に約六十人が密集。本格的な登山に自粛要請が広がる一方で、低山ならば問題はないのだろうか。

「これはだめだね」。好天となった二十六日午前十一時すぎ、登山者でにぎわう山頂スペースに上がってきた瀬戸市の六十代と七十代の女性二人組は、即座にきびすを返した。

二〇二一年夏に「信濃毎日新聞」（九月二四日付）が北アルプスの登山者を対象に実施したアンケートでも、低山志向が顕著に表れている。

新型コロナの影響で、自身の登山がどのように変化したか聞いた質問（複数回答）では「近場の里山登山が増えた」が最多の24％。日帰り可能な里山登山は、山小屋に泊まらずに感染リスクを抑えられる――とする人が多かった。次いで「登山日数を減らした」が20％、「その他」が15％、「感染防止のためテント泊をするようになった」が13％だった。

行動制限がなくなった二〇二二年は、標高の高い山にも登山者がもどってきたが、山小屋が予約制となり定員が抑えられているため、コロナ禍前ほどの水準には至っていないという。高い山で新型コロナウイルスに感染したら、という警戒心もあるのだろう、当面は低山で我慢するという登山者もまだ多いようだ。

ただし、近郊の低山だから安全というわけではなく、低山には低山のリスクがある。山里に近い低山は、地元の人が使う作業道があちこちにあり、ともすれば登山道を外れて迷い込みやすい。日没までに下山できず、ヘッドランプを持っていないために行動不能となって救助を要請したという事案も頻発している。高い山は夏でも涼しく感じるが、低い山は樹林に囲まれているため高温多湿になりがちで、熱中症のリスクも高くなる。さらにはクマやイノシシに襲われる事故も散見される。

低山だからといって、決して油断はできない。

コロナ禍の影響とみられるもうひとつの傾向は、単独登山者が増えたことだ。パーティを組むと、どうしても密になりやすいし、ソーシャルディスタンスをとることも難しい。だったらひとりで行ったほうがリスクは少なく、気も楽だ、ということなのだろう。

二〇二一年七月二一日のＮＨＫの報道によると、長野県内で単独の登山者が遭難死する事故が相次いでいるとし、警察の話として「七月一日から一九日までの間に一三件の遭難事故が発生し、このうち北アルプスの奥穂高岳と霞沢岳、八ヶ岳連峰の赤岳では、単独行の男性が滑落するなどして死亡した」と伝えた。その背景には「新型コロナの影響で単独の登山が増えている」と指摘し、続けて現地から次のようなレポートを届けた。

〈今月17日の早朝、北アルプスの玄関口 長野県松本市の上高地では多くの登山客が山に入る準備をしていました。そこで目立ったのは単独での登山者の姿です。上高地の登山相談所によりますと、この日提出された登山計画書では入山した194人のうち47・4％に当たる92人が単独での登山者だったということです。東京から1人で来た20代の女性は、「以前は友人と登山に来ていましたが、新型コロナの感染が広がる中で単独で登るようになりました。今の感染状況では友人は誘いづらい」と話していました〉

前出のヤマップの調査でも、登山計画を作成する際の「予定人数が1人」である計画を集計したところ、二〇二〇年が四八・六パーセント、二〇二一年が五七・六パーセント、二〇二二年が六一・六パーセントと、ここ三年は増加傾向にある。これについてヤマップは、「withコロナの時代では、密を避けて、少人数で登山を楽しむ傾向であることがわかる」と分析している。

もともと単独行のリスクの高さは昔からいわれていることであり、遭難した際に死亡・行方不明になる確率は、パーティ登山と比べるとおよそ二・五倍にもなる。

登山中になにかアクシデントが発生したときに、仲間がいれば協力して対処できるが、単独行だと頼れるのは自分しかいないので、対処しきれないことも多い。遭難救助に関わる人たちが「単独行は避けるように」と呼びかけるのは、そのことによる。

しかし、誰にも気を使うことなく、自分のペースで気楽に山を歩ける単独行の人気は高く、山岳雑誌は毎年のように単独行の特集を組み、実際に山でも多くの単独行の登山者を見かける。

なるべくだったら単独行をやめさせたい関係者の思惑とは裏腹に、単独行を好んで実践する登山者は、いつの時代でも一定の割合で存在する。詳細なデータがないので断言はできないが、コロナ禍の影響によって、その割合が多少なりとも高められたのはたしかなようだ。

コロナ禍の影響でキャンプブームが再燃したが……

新型コロナウイルスの感染拡大によって自粛が叫ばれるなか、「三密」を避けられるレジャーとして人気を集めたのが、前述した身近な低い山への登山だった。また、同様の理由でキャンプブームも再燃した。

登山もキャンプも屋内と違って換気の心配もなく、自然のなかで体を動かしたり、焚き火を囲んでバーベキューを楽しんだりすることは、ふだん窮屈でストレスの溜まる生活を強いられている人たちにとって、格好の気分転換になった。コロナ禍となって三年目の二〇二二年は行動制限もなくなったことから、活動の場が広がり、登山者もキャンパーもよりアクティブになった感がある。

だが、その一方で問題も持ち上がってきた。まずキャンプに関していうと、ブームによってキャンプ場が密になってしまったことである。なかには京都の木津川河川敷にある笠置キャンプ場のように、一時的に閉鎖するところも現れた。三密を避けるために行ったキャンプ場が密だったというのでは、たしかに本末転倒である。

しかし、それ以上に問題となったのは、キャンプ場利用者のマナーの悪さだ。本来キャンプというのは、自然のなかで一時的に生活することで、自然のよさを感じながら非日常を楽しむことだと思う。ところが、コロナ禍でブームとなったキャンプでは、最低限のマナーさえ守れない人たちの姿が多数目撃された。

緊急事態宣言やまん延防止等重点措置のもとでは、飲食店での酒類の提供が禁止・制限されたことから、〝路上飲み〟する学生やサラリーマンらの姿が目につくようになった。その延長にあるのだろうか、河原や無料のキャンプ場などでは、キャンプ用具やバーベキューセットなどを持ち込んで騒ぐ輩が出はじめた。彼らは周囲にいる人たちの迷惑を顧みず、酔っ払って大声で喋りながら飲み食いし、焚き火台を使わずに地面で焚き火を起こし、夜遅くまで騒ぎ、挙句の果てには焚き火の後始末もせず、ゴミをあちこちに散らかしたまま帰っていった。キャンプとは名ばかりの、ただのバカ騒ぎである。

日本オートキャンプ協会が全国のオートキャンプ場約一〇〇〇施設を対象（回収数一三六施設）に、二〇二一年に行った「ルール運用状況の把握とキャンパーマナーの実態調査」では、「キャンプ場から寄せられた悪質なルール、マナー違反の一例」として、次のような行為が挙げられた（一部抜粋）。

・川に炭を捨てる。川でコンロや焚き火台を洗う行為。
・大人数のバーベキューのグループが大声を出していると、近隣サイトから苦情が出たため注意したが「逆切れ」された。
・キャンプに来て飲酒を伴っての会食。コロナ感染対策上、飲酒は禁止と説明するも、他のキャンプ場では禁止されていなかったと言われる。
・キャンピングカーで来場、ごみ食材を放置したまま就寝。朝カラス等に荒らされるも、まったく気づかず。
・焚き火台の夜間放置。テントサイトでは芝生が焼けてしまい、コテージではテラスが焦げていた。
・家族連れの客が場内で立小便し親が子供にも立小便をさせていた。
・燃えるゴミの中に中身が半分程度残ったガス缶が二個投入されていた。ゴミを手で触って確認中発見した。その後も同様の事例が3回あった。
・一つの袋にビン、缶、ペットボトル、生ゴミ、子どものおむつ、その他のゴミをすべて一緒にして出す事例が増えた。若いファミリー層の一部と若者グループの一部、40〜50代の大人だけのグループだと推測される。

管理された有料のオートキャンプ場でさえ、このありさまである。キャンプ場ではない河原や、無料のキャンプ場では、さぞやひどい状況だったのだろうと察せられる。

たとえば、岐阜県の揖斐川町にある無料の粕川オートキャンプ場は、二〇二一年四月よりキャンプとバーベキューの利用を永久に禁止し、散策や川遊びを楽しむ河川公園に変わってしまった。その原因となったのが、利用者の増加とモラルの悪化により、近隣住民から多くの苦情が寄せられたことだった。同キャンプ場では、利用者による騒音、路上駐車の増加とそれに伴う交通渋滞、ゴミの不始末などが問題になっていたという。

また、埼玉県飯能市の飯能河原は、無料で川遊びが楽しめるバーベキュースポットとして人気があったが、コロナ禍で利用者が増大し、バーベキューの煙や匂い、大音量で音楽を流すなどの騒音、交通渋滞、ケンカ、ゴミの不始末などさまざまなトラブルが発生した。

このため、二〇二一年八月七日～一〇月五日まで一時閉鎖の措置をとったのち、二〇二二年四月より、火を使うエリアを区切って有料化する実証実験をはじめた。正式に有料化されるかどうかは、二〇二三（令和五）年以降、その結果を受けて決定される。ちなみに一回目の実験期間中（四月二一日～五月八日）は、有料化したエリアでのトラブルや近隣住民からの苦情はなかったそうだ。

コロナ禍の遭難者に顕著な経験と体力不足

次に登山に関してだが、これまで述べてきたように、遭難事故がコロナ禍前の水準にもどりつつあることが、いちばん懸念されるところだろう。現時点（二〇二二年一一月）では、この年の発生件数や遭難者数がどれぐらいになるのかわからないが、低山や単独行者の事故が目立っていることからすると、従来の増加基調にもどりつつあるのかもしれない。

ただ、従来と違っていると感じるのは、コロナ禍になってからは、経験の乏しい登山者や体力不足による事故が増えているように感じることだ。コロナ禍の影響による自粛下で、三密を避けるレジャーとして、今まで山に登ったことのない人たちが登山をはじめたことが、その背景にある。また、長らく自粛を強いられて運動不足に陥っていた人たちが、自粛解除となって登山を再開したことも一因だろう。

とくに二〇二二年は、ちょっと呆れてしまうような遭難事故が多く目についた。たとえば四月二二日、香川県さぬき市にある標高七八八メートルの矢筈《やはず》山に登った五〇代の男性が「山に登って下りられない」と警察に救助を求めてきた。登山が趣味だというこの男性、翌日にはケガもなく救助されたが、なぜ下りられなくなったのか、自力でどうにかできなかったのか、不思議で仕方ない。

福岡県宮若市の犬鳴《いぬなき》山（標高五八四メートル）では五月二八日、友人三人と入山した七三歳男性が行方不明となり、二日後にボランティアの捜索者に発見されるという事故が起きた。男性は犬鳴山に登頂後、仲間と別れて近くの西山に向かったが、このもの峠付近で仲間のひとりと合流したのち、「疲れたからここで救助を待つ」といって、山中に留まり続けていたのだった。

九月四日には、伊豆・達磨山（標高九八二メートル）の風早峠《かざはや》付近でソロキャンプをしていた五〇代の男性が、「水分がなくなったので助けてほしい」と消防に連絡し、助けられるという騒動もあった。男性は、準備してきた飲料水を使い切ってしまい、不安になって救助を要請したとのことだが、現場はすぐそばを西伊豆スカイラインが通っているところで、救助を要請するのではなく、タクシーを呼べば済むことだった。

そしてとりわけひどかったのが富士山だ。二〇二二年夏の富士山では、ほぼ毎日のように事故が起きた。そのいくつかを次に記す。

・七月一八日　男性と二人で富士山の御殿場ルートを下山していた二六歳の女性が、できた靴擦れを庇《かば》いながら歩いていたところ、ほかの箇所も痛めてしまい、歩けなくなって救助を要請した。警察と消防に無事救助される。

・七月二六日　午後一〇時前、中国籍の二八歳の男性単独行者が、「富士山を登山中に道に迷った。辺りが真っ暗でどこにいるかわからない」と救助を要請。携帯電話のＧＰＳ位置情報により、男性は御殿場ルートの登山道上にいることが判明し、出動した救助隊といっしょに下山した。ライトは携行していたが、点灯しなくなってしまったという。

・七月二九日　単独の七〇歳男性が、御殿場ルートを下山中に「疲労で動けない」と一一〇番通報し、出動した救助隊員に付き添われていっしょに下山した。男性はその後、自力で帰宅した。

・八月八日　子供二人と須走ルートから山頂を目指した四〇歳男性が、九合目付近で登頂を断念して下山する途中、両膝が痛くなって歩けなくなり一一九番に通報。連絡を受けた警察が、山小屋などに物資を上げる民間ブルドーザーの出動を依頼し、男性を救助した。

・八月二八日　単独の六六歳男性が富士宮ルートを元祖七合目まで登ったのち、体調が悪くなったため下山を開始。新七合目まで五時間かけて下山したものの、長時間雨風にさらされたため低体温症に陥り、救助を要請した。男性は救助隊員によって担架で運ばれたのち、病院に搬送された。

・八月二九日　富士宮ルートを下山していた四人パーティのなかの六一歳女性が、元祖七合目付近で岩の間に左足を挟み、足首を捻る。女性は防災ヘリで救助され、病院に運ばれた。

以上はほんの一例であり、「疲れて歩けなくなった」「転んでケガをした」「寒くて動けなくなった」といった救助要請が、次々と警察や消防に舞い込んだ。それぞれの事例の詳細がわからないので、もしかしたらやむをえない事情があったのかもしれないが、報道をみるかぎり、お粗末な印象を拭えない事例が多すぎる。富士山の遭難救助では、前出のブルドーザーの使用が見込めるという利点はあるものの、こんな状況では警察や消防はたまったものではないだろう。

富士山にかぎらず、二〇二二年の遭難事例を見ると、山の基本を知らない、そして自分の体力・技術レベルを把握できていない人たちによる遭難事故が目立っているように思う。それを改めて感じたのが、SNS上で論議を呼んだ、南アルプス南部にある赤石岳避難小屋の管理人の投稿だ。

発端は、八月一六日、管理人がツイッターで登山者に対して苦言を呈したことだった。現地では台風八号の影響でずっと悪天候が続いており、管理人はずっと天気予報の情報を流し続け、注意喚起を促していた。それにもかかわらず、山には次から次へと登山者が上がってきた。管理人はその様子を写真に写し、次のコメントとともにツイッターに投稿した。

〈ぞくぞく避難してきます。遭難一歩手前の登山者ばかりです〉

〈これからぞくぞく来るでしょう。何日も前から情報を発信してますが、今、山を歩いている方たちは天気予報を見ているのかと疑ってしまいます〉

管理人には、「危険を回避してほしいから、何日も前から情報を発信しているのに、なぜ強引に突っ込んできてしまうのだろう。ちゃんと天気予報をチェックしてほしい」という思いがあったという。

この投稿に対し、同意の声が上がる一方で、「避難小屋って避難するためにあるんじゃないの？」「山の天候は変わりやすいからなあ」といった批判のコメントも多く寄せられた。

赤石岳避難小屋に続々と逃げ込んできた登山者が、それぞれどれぐらいの登山経験があり、どの程度の力量だったのか、実際のところはわからない。ただ、事前のリスクマネジメントとして天気予報をチェックするのは当たり前であるし、悪天候の予報だったら計画を中止・変更するのが賢明な判断だろう。もちろん、力量のある登山者なら、「それでも行く」という判断をするのもありかと思うが、「遭難一歩手前の登山者ばかり」という管理人の投稿を見るかぎり、どうもそういう登山者ではなかったようだ。

赤石岳避難小屋のロケーションが、南アルプス中央の最奥部にあること、コロナ禍の影響によって山小屋が予約制となり、宿泊を取りやめるにはキャンセル料がかかってくることなどを考えると、計画の中止・変更がしにくいことは理解できる。だが、悪天候下の高い山で行動することのリスクを考えると、管理人の苦言はもっともだと思える。

このとき赤石岳避難小屋に逃げ込んできた登山者と、前述した富士山で遭難した人たちが、私には重なって見えたのだった。

青天の霹靂ともいえる新型コロナウイルスの出現によって、私たちはどう山と向き合っていくべきかを改めて考えさせられた。この先、コロナ禍によって世界がどうなっていくのかは不透明であり、それ次第で登山のあり方も、我々の山との向き合い方もまた変わっていくのかもしれない。それでも私たちは、手段や方法を変えて山を楽しもうとするだろう。

ただ、そうした変容のなかでも、山に潜んでいるリスクは、昔も今も未来も、おそらく変わらない。大事なのは、標高の高低や季節に関係なく、どんな山にもリスクが存在することを認識し、それぞれのリスクについて知ることだ。

登山は、実際にやってみればわかるが、単なるレジャー、スポーツではなく、体に大きな負荷がかかる、かなり過酷なアクティビティである。そのうえあちこちにリスクが潜んでいるのだから、ちょっとしたミスが命取りになることもある。登山をはじめたばかりの人はもちろん、それなりの経験がある人も、そのことをしっかりと心に留めておくべきだろう。

仕方のないことかもしれないが、ビギナーはその認識が欠けがちである。逆にベテランを自認する人たちには、油断や慢心が生じやすく、ともすれば自分の体力や技術を過信してしまうことがある。

大事なのは、山にも自分にも、謙虚に向き合うことだ。そうすれば、山に潜んでいるリスクを正しく理解でき、対処・回避もしやすくなる。それが、近年よくいわれている「自分の力量に見合った山を選ぶ」ということにつながるのだと思う。

あとがき

「はじめに」でもちょっと触れたが、本書は二〇一〇年に刊行した『山の遭難――あなたの山登りは大丈夫か』の続編にあたるものである。前著では、近代登山の黎明期とされる明治期以降の、日本の登山史に残る大きな遭難事故の概要を解説し、救助する側と救助される側から見た現代の遭難事情や、ツアー登山とガイド登山などについて考察した。

本書では、前著の刊行以降に起きたおもな遭難事故を振り返るとともに、ここ一〇年ほどの登山事情について検証している。その間には東日本大震災、そして新型コロナウイルスの感染拡大という、我々の生活を根底から覆くつがえす大きな厄災があった。御嶽山の噴火でも、自然災害の脅威をまざまざと見せつけられた。そういう意味では、この一〇年というのは、登山者および山岳界にも大きな影響を及ぼした災禍の連続であったように思う。

また、山岳遭難事故だけにフォーカスしてみれば、二〇一二年GWの北アルプスでの連続気象遭難や、二〇一七年の那須岳雪崩事故など、いくつかの記憶に残る事故が起きたが、世間を賑わすような大規模な遭難事故は、以前と比べるとだいぶ減ってきている印象がある。逆に目につくようになっているのが、疲労や体調不良、病気などを要因とする、軽微な（といっては語弊があるかもしれないが）遭難である。

たとえば、長野県警山岳安全対策課がまとめたデータによると、過去一〇年間の全遭難者数に占める無事救出者の割合は、二〇一二年の二五パーセントから年々増え続け、二〇二一年には四〇パーセントにまで増加している。ここでいう「無事救出者」とは、ケガもなく救助された遭難者のことを指し、おもな要因としては道迷い、疲労、体調不良、装備不足（アイゼンやヘッドランプなどを持っておらず行動不能となる）、技量不足（急峻な岩場などを、怖くて下りられなくなる）などを挙げている。

このような傾向について、同課は「〝無事救助〟といえば聞こえはいいかもしれないが、もうちょっとしっかり準備や下調べなどをしていれば、遭難せずにすんだのではないか、と感じる事例が少なくない」と評す。

たしかに昨今報じられる遭難事故のニュースは、「なんでそんなことで遭難してしまうの?」と感じるものも少なくない。とくにコロナ禍となってからは、軽微な遭難が急増しているように感じる。そしてこのタイプの遭難者に共通しているのは、「登山に対する〝認識の甘さ〟があること」だと、山岳安全対策課は指摘する。

本文でも述べたし、ほかの媒体でも何度か触れてきたが、登山というのは体に非常に大きな負荷のかかる、常に危険と背中合わせの行為である。同課もこう注意喚起をしている。「登山はただのアウトドアレジャーではない。スポーツであり、リスクを伴う冒険である。その意識を持って、臨んでもらいたい」と。

山の遭難事故を、「自分には起こりえない他人事」と思い込んでいる人の意識を変えるのは、なかなか難しい。しかし、少しずつでも変えていかないと、事故はこれからも増え続けていくだろう。登山がレジャーの延長線上にあるものと思っている人に、どのようにして「登山＝リスクを伴う冒険」だという意識を持ってもらうか、行政やメディアだけではなく、登山者ひとりひとりが考えていかなければならない。それは今の時代の大きな課題である。

最後になったが、本書の企画を持ちかけていただき、コロナ禍をいい訳にして遅々として進まなかった原稿を、辛抱強く待ち続けてくれた平凡社新書編集部の和田康成さんに、厚くお礼申し上げます。

二〇二二年一一月八日

羽根田治

【著者】
羽根田治（はねだ おさむ）
1961年埼玉県生まれ。ノンフィクションライター。長野県山岳遭難防止アドバイザー。山岳遭難や登山技術の記事を、山岳雑誌「山と溪谷」「岳人」などで発表する一方、自然、沖縄、人物などをテーマに執筆活動を続けている。おもな著書に『ドキュメント 生還』『ドキュメント 道迷い遭難』『野外毒本』『人を襲うクマ』（以上、山と溪谷社）、『山の遭難――あなたの山登りは大丈夫か』（平凡社新書）、『山はおそろしい――必ず生きて帰る！ 事故から学ぶ山岳遭難』（幻冬舎新書）などがある。

平凡社新書1020
山のリスクとどう向き合うか
山岳遭難の「今」と対処の仕方

発行日――2023年1月13日 初版第1刷

著者――羽根田治
発行者――下中美都
発行所――株式会社平凡社
〒101-0051 東京都千代田区神田神保町3-29
電話 (03) 3230-6580［編集］
(03) 3230-6573［営業］
印刷・製本―図書印刷株式会社
装幀――菊地信義

ISBN978-4-582-86020-7
平凡社ホームページ https://www.heibonsha.co.jp/